MISTAKES I MADE MY FIRST 5 YEARS IN BUSINESS

자기사업의 성공, 실패에서 배워라

MISTAKES I MADE MY FIRST 5 YEARS IN BUSINESS

자기사업의 성공,
실패에서 배워라

엘리자베스 K. 피셔 지음 | 박완신 옮김

EIN and **Company**

자기사업의 성공, 실패에서 배워라

초판 제1쇄 인쇄 2004년 1월 7일
초판 제1쇄 발행 2004년 1월 12일

지은이 | 엘리자베스 K. 피셔
옮긴이 | 박완신
펴낸이 | 조철선

펴낸곳 | (주)아인앤컴퍼니
등록번호 | 제22-2451호
주소 | 서울특별시 서초구 양재동 275-1 삼호물산 A동 1816호
전화 | 02-589-0130 팩스 | 02-589-0131
E-mail | books@einandcompany.com
홈페이지 | www.einandcompany.com

ISBN 89-91042-00-7 03320
값 9,500원

사업을 시작하고 5년 동안 내가 저지른

모든 실수에 귀를 기울여준 SRL에게 이 책을 바친다.

나의 실수담을 담은 이 책은 14개의 Chapter로 끝나지 않고

3권짜리 시리즈가 될 수도 있었다.

하지만 굳이 이야기하지 않는 게 더 나을 실수들은

그냥 남겨두었다.

['실패에서 배운다' 시리즈 발간에 부쳐]

에디슨은 전구를 발명하기 위해 2,000번의 실패를 겪었다고 합니다. 에디슨이 전구를 발명한 후, 기자가 에디슨에게 "2,000번이나 실패하셨으면서 중간에 포기할 생각은 안 하셨습니까?"라고 묻자 에디슨은 "실패라니요. 전 단지 2,000번의 과정을 거쳤을 뿐입니다."라고 했답니다. 그는 실패를 단순히 실패라고, 끝난 것이라고 생각하지 않고 성공을 위한 발판으로 삼았던 것입니다. 그는 우리에게 친숙한 '실패는 성공의 어머니' 란 말을 남긴 것으로도 유명합니다.

우리는 실패를 타산지석, 반면교사로 삼아야 한다는 주장은 많이 하면서도 아직까지 실패에서 교훈을 얻으려는 풍토는 만들지 못한 것이 사실입니다. 실패를 통해 새로운 창조를 이끌어내기는커녕 같은 실수와 실패를 반복하고 있는 것입니다.

사실 실패한 경험은 성공으로 판명된 결과만큼 소중하며, 우리는 보통 성공보다는 실패로부터 더 많은 것을 배웁니다. 우리들 대부분은 많은 정력과 시간, 돈을 투자했던 계획이 수포로 돌아가면 모든 것이 끝났다고 생각합니다. 하지만 실패를 모든 것이 끝난 것으로 보아서는 안 되고, 많은 것을 배울 수 있는 기회로 삼아야 합니다. 또한 당신의 실패는 당신과 유사한 상황에 있는 다른 이에게는 직접 경험하지 않고도 소중한 교훈을 얻을 수 있는 간접경험이 됩니다.

우리는 성공을 칭송하며 월계관을 씌워주는 데는 익숙하지만, 실패는 경원시하고 사장시킵니다. 기업들도 성공 사례의 분석에는 상당한 에너지를 투입하지만 실패 사례의 분석은 일회성으로 그치는 경향이 있습니다. 이렇듯 실패에 대한 우리 사회의 자세는 아직 원시적인 수준에 머물러 있습니다.

어떤 일이나 기업도 성공만으로 점철될 수는 없으며 대부분 80의 실패와 20의 성공으로 이루어집니다. 우리 사회와 경제가 한 단계 더 도약하려면 이제 실패를 다루는 태도를 바꾸어야 합니다. 실패를 타산지석으로 삼아 반복되는 실패를 방지하고, 나아가 새로운 창조를 이끌어내는 사회가 되어야 합니다. "나는 실패했다는 이유만으로 누구를 나무란 적이 없습니다. 실패는 나쁜 것이 아닙니다. 실패는 집안을 꾸려가고, 인생을 설계하고, 회사를 경영하는 데 소중한 자산입니다. 그러나 그것을 묻어두는 행위는 매우 나쁜 것입니다." 이와 같은 이건희 삼성그룹 회장의 말처럼 실패는 '더 큰 성공을 위한 신의 선물'이며 똑같은 실수를 반복하지 말라는 '고효율의 과실'입니다.

실제로 성공 사례는 실제 상황에서는 적용능력이 떨어지는 데 반해, 실패 사례를 학습하는 것은 실패하지 않는 방법뿐만 아니라 성공하는 법까지 함께 생각하게 하기 때문에 현실적으로 훨씬 도움이 된다고 합니다.

이런 취지에서 경영 각 분야의 실패 사례집을 '실패에서 배운다'라는 이름의 시리즈로 출간하게 되었습니다. 경영 실패 사례를 책으로 묶어내는 것은 우리나라에서는 아직 생소하지만, 미국 · 일본 등 선진국에서는 오래 전부터 활발하게 이루어져왔습니다. '실패에서 배운다' 시리즈는 외국에서 출간되었던 우수한 경영 실패 사례집을 선정하여 번역 · 출간함은 물론, 국내의 우수한 필진이 참여한 국내 실패 사례집도 출간할 예정입니다.

'실패에서 배운다' 시리즈가 다룰 분야는 다음과 같습니다.

- 창 업 편
- 리 더 십 편
- 마 케 팅 편
- 영업관리 편

- 국제경영 편
- 경영일반 편
- 변화관리 편
- 삶의지혜 편
- 재 테 크 편

'실패에서 배운다' 시리즈가 실패를 '명실상부한 성공의 어머니'로 자리매김하게 하는 디딤돌이 되기를 바라며, 기업 일선에서 실패를 겪으면서도 꿋꿋이 털고 일어나 다시 시작하시는 모든 분들께 도움이 되기를 바라는 마음입니다.

실패 사례에서 얻는 소중한 간접경험

전하진

(주)네띠앙 대표이사

세상에 어떤 일이고 처음부터 잘할 수 있는 일이 있을까. 모든 일이 처음에는 다 어설프기 마련이다. 그런데 이상하게도 사업은 처음부터 잘할 수 있다는 생각으로 시작하게 된다. 두려움은 있으나 그렇다고 완벽한 준비를 하고 시작하는 경우는 드물다. 우선 닥치고 본다. 사업을 시작하는 계기는 백이면 백 모두 다른 이유가 있다. 나의 경우도 그저 막연히 내 일을 해보면 좋을 것 같다는 생각으로 친구와 함께 회사를 차렸다. 30세 되던 해였는데, 직원도 없이 친구와 둘이 시작한 사업이었으므로 여직원이 해야 할 일부터 사장이 할 일까지 둘이 도맡아서 해야 했다. 어찌 보면 아이가 탄생하여 성장하는 과정처럼 기업에서 일어나는 다양한 일을 십수 년을 거치면서 조금씩 맛 봤다고 해야 할까.

최근에는 자기자본 조달이 쉬워졌기 때문에 처음부터 일정 규모를 갖추고 회사를 시작하는 경우가 많다. 사무실과 직원을 제법 갖추고 사업을 시작하게 되는 것이다. 대부분의 창업자들은 기업이 인체 조직처럼 자신이 생각한 대로 원활하게 움직일 것이라고 기대한다. 물론 경험이 없으므로 그런 착각을 하는 것도 이해가 가지 않는 것은 아니다. 골프를 못 치는 사람이 골프를 보면 아주 쉬워 보인다. 조금만 하면 나도 프로 선수처럼 될 수 있을 거라고 생각한다. 초보 때는 골프신동이라는 소리도 많이 듣는다. 그러나 시간이 지날수록, 경험이 쌓일수록, 쉽게 스코어를 줄이기 힘들다는 사실을 깨닫게 된다.

사업도 마찬가지다. 처음 시작할 때는 좋은 아이템과 사업자금, 그리고 의기투합한 동업자 몇 명만 있으면 얼마 안 가 성공해 있을 자신의 모습을 상상한다. 그리고 최선을 다해 노력한다. 하지만 전혀 예상하지 못했던 수많은 난관에 번번이 부딪치게 된다. 그때마다 최선의 선택과 결정을 해야 한다. 만약 이때 잘못된 선택이나 결정을 하게 되면 한 순간에 회사를 망하게 할 수도 있다. 기업가의 잘못된 의사결정은 비단 그 기업가 개인의 문제로 끝나는 것이 아니다. 임직원과 그 가족, 관계 회사, 고객, 더 나아가 사회 전체에 큰 파장을 미치기도 한다.

그럼에도 불구하고 과연 우리는 기업가가 되기 위한 준비를 철저히 하고 있는 것일까. 골프 스윙을 잘하기 위해서 우리는 많은 시간을 연습장이나 그린에서 보낸다. 운전면허를 따기 위해서도 몇 달을 소비하는 경우가 많다. 그런데 기업을 경영하는 일에는 준비가 소홀하다. 기업조직은 결코 인체조직처럼 완벽하게 움직이지 않는다. 사람과 사람이 모였지만 그 구성원들을 유기적으로 연결하는 조직은 사람의 뇌나 신경조직과 같은 완벽한 시스템을 갖추고 있지 못하다. 따라서 늘 문제가 발생한다. 기업을 법인이라고 하는 이유는 법이 만들어준 인격체란 뜻에서이다. 그래서 항상 바깥 환경에 대응하지 않으면 안 된다. 고객, 정부, 지역사회, 관계사 등등. 또한 기업은 이익을 추구해야 하기 때문에 늘 새로운 부가가치 창출을 고민해야 한다.

이런 상황대처능력은 역시 기업가의 경험에 많이 의존할 수밖에 없다. 아무리 철저한 조사와 정보를 취합하고 종합해도 결국 최종결정은 기업가가 내릴 수밖에 없다. 따라서 기업가의 올바른 의사결정이 기업의 흥망과 직결된다고 볼 수 있다.

그렇다면 기업가의 올바른 의사결정을 위한 학습은 어떤 것일까? 그리고 우리는 얼마나 많은 학습을 하고 있을까? 불행하게도, 대학에서 경영학을 공부하거나 MBA 과정을 통해 사례연구를 하는 것 말고는 구체적인 학습기회가 적다. 가장 좋은 것은 자신이 성공과 실패, 그리고 실수 등 많은 과정을 경험하면서 그 오차를 줄여가는 것이다. 그래서 실리콘 밸리에서는 실패한 경험을 매우 높이 사준다. 하지만 우리나라에서는 실패는 곧 '끝'을 의미하는 경우가 많다. 실패나 실수를 마치 죄를 짓는 것으로 간주한다. 하지만 위대한 성공을 위해서는 수많은 실패가 수반된다는 것을 이제는 사회가 이해해야 한다.

우리는 실수나 실패는 잘 드러내려고 하지 않는다. 그래서 똑같은 실수를 반복해서 경험하는 경우가 많다. 실패와 실수를 보다 널리 알리고 학습하게 하여 같은 실수가 반복되지 않도록 해야 할 것이다. 다른 경영자의 성공 사례도 중요하지만, 실패와 실수의 사례를 철저하게 검증하고 이를 통해 간접학습을 하는 것은 그 무엇보다 중요하다. 그런 차원에서 <자기사업의 성공, 실패에서 배워라>의 출간은 큰 의미를 갖는다고 할 수 있다. 앞으로도 이처럼 실패를 통해 배울 수 있게 하는 책들이 많이 나와 간접경험으로라도 실패와 실수를 줄일 수 있어야 할 것이다.

실패하지 않는 창업을 원하는 분들께

김영문

계명대학교 경영정보학과 교수 | 계명대학교 벤처창업보육사업단 단장
(사)한국소호진흥협회 이사장 | 뉴비즈니스연구소 소장

아인앤컴퍼니에서 출간한 <자기사업의 성공, 실패에서 배워라>는 *Mistakes I Made My First 5 Years in Business*를 번역한 책이다. 원제를 번역해보면, '비즈니스(혹은 창업)에서 내가 첫 5년 동안 범한 실수들' 이라는 의미이다. 저자는 잘 다니던 회사에 사표를 내고 창업을 하면서 겪은 여러 가지 실수들을 솔직하게 기술하고 있으며, 이를 통해 새로운 분야에서 창업을 하고 새로운 도전을 하려는 많은 예비창업자들에게 실수 혹은 실패를 줄일 수 있는 방법들을 전해주고자 하였다.

20~30대의 청년실업자들이 사상 최대로 증가하고 있고, 대외적인 경제여건의 악화로 인해서 대기업들이 또 다시 대대적인 구조조정을 하고 있는 시점에서 <자기사업의 성공, 실패에서 배워라>는 망망대해의 어둠 속을 항해하는 돛단배에게 한 줄기 빛을 주는 등대와 같은 역할을 할 수 있을 것이라 생각한다.

요즈음 한국 직장인들 사이에서 가장 유행하는 3가지 신조어는 사오정, 오륙도, 삼팔선이라고 할 수 있다. '사오정'은 45세 정년이라는 의미이고, '오륙도'는 56세까지 근무하는 것은 도둑이라는 의미이며, '삼팔선'은 38세가 되면 정리대상이 된다는 의미이다. 또한 최근 한국은 '삼불(三不)시대'라고 할 수 있는데, 첫째는 현재 그리고 미래가 너무도 불확실하다는 것이고, 둘째는 주위의 환경이 너무 자신을 불안하게 만든다는 것이며, 셋째는 불가사의한 일들이 너무 많이 일어나고 있어서 무엇을 어떻게 해야 할지 모르겠다는 것이다. 이러한 삼불시대에는 어느 것 하나 보장되는 것이 없으며, 철저한 준비 없이 새로운 분야에 뛰어들었다가는 낭패를 보기 십상이다.

　　모두가 알고 있듯이 1997년 11월에 한국 경제는 위기를 맞으면서 IMF로부터 구제금융을 지원받았다. 그것은 우리 사회에서 더 이상 고용이 보장되지 않는다는 사실의 시작이기도 했다. 그 당시 직장에서 쫓겨나 거리로 내몰린 많은 사람들이 선택한 것은 바로 창업이었다. 벤처가 붐을 일으키고 있을 당시 언론에 등장한 용어들은 벤처신화 혹은 대박이라는 단어였다. 하루에도 몇 번씩 성공한 벤처들의 기사를 만날 수 있었고, 벤처기업들의 주식을 거래하는 코스닥의 주가는 거의 폭발적으로 올라갔다. 그래서 너도 나도 잘 다니고 있던 회사에 사표를 내고 벤처로 몰려갔다. 새로운 성공신화를 만들기 위해서.

　　하지만 요즈음의 상황은 어떠한가? 대박을 쫓던 대부분의 사람들은 벤처라는 고급 승용차를 타기는커녕 공원의 벤치로 가는 신세로

전락했다. 또한 가계는 파산하고, 평생 신용불량자라는 딱지를 달고 살아야 하는 처지가 되었다.

이렇게 된 가장 큰 원인은 무엇인가? 그것은 대부분의 창업자들이 창업을 통한 성공만을 생각하고 실패에 대한 생각은 하지 않았기 때문이다. 즉, 자신은 완벽하게 준비된 창업자이기 때문에 좋은 아이템과 자본, 기술만 있으면 일순간에 대박을 터트릴 것이라고 생각했던 것이다.

최근에 예비창업자들을 대상으로 창업 준비에 대한 설문조사를 실시한 결과, 창업관련 서적을 전혀 읽지 않는다는 비율이 24%로 조사되었으며, 매우 자주 읽는다는 비율은 9.2%에 불과했다. 창업에서 성공을 꿈꾸는 많은 사람들이 창업관련 서적을 1권도 제대로 읽지 않고 무모한 도전을 하는 경우가 많다는 얘기다.

지금은 초등교육 컨텐츠 분야에서 가장 성공한 벤처기업인이라고 할 수 있는 (주)이야기의 금훈섭 대표가 어느 세미나의 주제로 '망하지 않는 법' 에 대해 강의를 하겠다고 하기에 내가 말린 적이 있다. 세미나에 참석한 예비창업자들은 성공에 목말라 있었고, 어떻게 하면 성공할 수 있는가에 대해 알기를 원했기 때문이다. 그때 금훈섭 대표가 주장했던 것은 성공하는 것보다 중요한 것은 망하지 않는 방법을 배우는 것이라고 했다. 그 역시 너무 많이 망해봤기에 이제는 망하지 않기 위해 최선을 다한다는 것이다.

이런 측면에서 이번에 출간된 <자기사업의 성공, 실패에서 배워라>는 예비창업자 혹은 직장인들에게 많은 도움이 될 것이다. 내 스스로 이 책을 읽으면서 느낀 것은 성공 못지않게 중요한 것은 실패로부터 얻는 소중한 경험이라는 것이다. 실패는 좌절과 절망으로 끝나는 것이 아니고 더 나은 성공을 위한 소중한 밑거름이라는 것이다. 저자가 직접 경험한 사례를 통해 다른 사람들의 실수와 실패를 타산지석으로 삼아 같은 실수를 되풀이하지 않는 것이 중요하다는 사실을 기억해야 할 것이다.

2004년 1월 어느날
계명대학교 대명동 벤처창업보육사업단 사무실에서

요즘도 소규모 창업 바람은 수그러들 기미를 보이지 않는다. 서점에는 자기만의 작은 사업체를 시작하고 운영해가는 데 조언을 해주는 수많은 책들이 나와 있다. 그 책들은 모두 각자 말하고자 하는 바가 있으며, 대부분의 책에는 돈을 벌게 해주거나 아낄 수 있게 해주는 값진 조언들이 들어 있다.

나 자신 사업을 시작하면서 그런 책들을 수없이 읽었다. 그리고 그 책들에서 경고했던 수많은 실수로도 부족해서 몇 가지 실수를 더 저지르면서 앞으로 나아갔다.

내가 저지른 실수들을 여러분과 공유하여 여러분이 똑같은 실수를 피하는 데 도움을 줄 수 있으면 하는 것이 나의 바람이다. 다행히도 나는 그 모든 실수에도 불구하고 끝까지 견뎌냈다. 독자 여러분들 역시 그러하길 바란다.

자, 이제 어떻게 하면 소규모 사업체를 성공적으로 운영할 수 있는
지를 내게 알려준 '실수'들을 하나씩 돌이켜보도록 하자.

                              엘리자베스 K. 피셔

■ 차례

실수를
피하기 위한 규칙 목록 ● ● ●

창업을 하고 5년이 지나자 나는 어떤 거래는 내게 이익이 되기는
커녕 스트레스만 가중시킨다는 것을 깨달았다. 그런 상황은 내가
꿈을 실현하는 데 장애가 될 뿐이었다. 실패의 경험들을 통해 나는
앞으로 그와 같은 상황들을 피할 수 있도록 스스로를 다스릴 수 있
는 '규칙' 들의 목록을 만들었다.

지금부터 내가 다음과 같은 규칙들을 세우게 된 상황들에 대해
이야기할 것이다. 여러분도 이 책을 읽으며 자신만의 규칙 목록을
만들어보기를 바란다. 목록을 눈에 잘 띄는 곳에 붙여놓고 수시로
들여다보면서 지킬 수 있기를 바란다. 여러분이 만든 규칙들은 나
의 경우에 그랬듯이 틀림없이 사업의 수익성을 높여줄 것이다.

- '위원회'를 상대로 일하지 마라.
- 의사결정에 의견을 제시할 수 있는 사람이 지배인, 총지배인 등 여러 명인 경우에는 거래하지 말고 결정을 내릴 수 있는 사람이 오직 한 명인 경우에 거래하라.
- 결정을 내릴 수 있으며 실제로 결정을 내리는 사람과 일하라.
- 사업상의 거래에서는 모든 친구를 낯선 고객처럼 대하라.
- '직감'에 귀를 기울여라. 상황이 좋지 않다고 느껴지면 그만두어라.
- 일을 시작하기 전에 언제나 계약서를 만들어라.
- 나 자신과 고객에게 공정하게 프로젝트의 가격을 매겨라.
- 거래를 성사시키기 위해서 아이디어를 고객에게 '줘버리지' 마라. 아이디어야말로 내가 팔아야 하는 것이다. 그것들을 줘버리면 팔 것이라곤 없다.
- 다른 사람들이 나에 대해 평가하기를 원하는 수준으로 자신과 자신의 일에 가치를 두어라.

1

어떻게 내 사업을 시작하게 되었는가

세 번째 선택은 내 사업을 하겠다는 나의 오랜 꿈을 따르는 것이었다. 그렇다고 해서 내가 즉각 사직서를 내고 바로 다음날 사업을 시작한 것은 아니었다. 우선 나는 창업에 관한 책을 한두 권 읽었다. 다음으로는 어떤 사업을 시작할지 생각했다. 고객 몇 명에게 광고 에이전시들을 어떻게 생각하는지 인터뷰를 해보았다. 이러한 정보에서부터 나는 마케팅 컨설팅 사업계획을 세워나갔다. 어떤 일을 시작해야 할지 결정하고 나서 나는 일에 착수하기 전에 먼저 일정을 짰다.

다른 사업가들처럼 나 역시 구속이 심한 업종에서 벗어나 내 사업을 시작한 경우에 해당한다. 나는 과거에 TV 방송국에서 광고영업자로 일했다. 나는 언제나 열심이었고, 또한 일을 즐겼기에 내 고객 리스트는 방송국의 지방 프로그램 광고의 상위권에 올라 있었다. 이것은 곧 어떤 부장들보다는 내가 더 높은 매출을 올릴 수 있다는 의미였기에, 상사들은 내 고객 리스트가 커지는 것을 달가워하지 않았다. 그런 일은 회사에서는 일종의 금기 사항이었다.

내 고객 리스트를 사수하기 위해 두 명의 판매부장과 힘겨운 투쟁을 끝내고 나자 곧바로 본사에서 새 판매부장이 부임해왔다. 그의 최우선 임무 중 하나는 바로 나의 고객 리스트를 삭감하는 일이었다. 판매부장은 새 영업사원을 채용하더니 내 고객의 4분의 1을 그에게 떼어주었다. 그리고는 말하기를, 내가 일정 금액 이상을 수주하게 되면 내 리스트에서 더 많은 계좌를 떼어가겠다는 것이 아닌가. 그렇다면 매출 증가에 대한 나의 인센티브는 어떻게 되는 거냐고 묻자, 그건 내 수당에 포함될 것이라고 어물쩍 넘어갔다.

이 상황에서 내게 남은 선택은 세 가지뿐이었다. 첫째는 나의 일하는 방식을 바꾸는 것이었다. 그토록 열심히 일하던 자세를 집어치우는 것이다. 새 고객을 만나러 나갈 필요도 없다. 지금 있는 고객들과 더 많은 계약을 맺으려고 애쓸 것도 없다. 말하자면, 나 자신, 즉 나라는 사람의 핵심을 바꾸는 것이다. 하지만 나는 내 자신을 좋아하며, 변화를 원치 않는다는 결론을 내렸다. 그렇다면 첫 번째 선택은 통과!

두 번째 선택은 새로운 규칙들을 무시한 채 그냥 내 방식대로 계속 일을 해나가는 것이었다. 그러나 내 고객 리스트가 계속 늘어나서 그 결과 리스트를 빼앗기기 일보직전에 이른다면 나 역시 무척이나 화가 날 것이었다. 고객 리스트를 빼앗긴다면 나는 점점 돌이킬 수 없는 고약한 태도를 보이게 될 것이다. 이 선택 또한 장기적인 해결책은 아니었다.

세 번째 선택은 내 사업을 하겠다는 나의 오랜 꿈을 따르는 것이었다. 내 시간을 내 뜻대로 쓰고 경영진이 내 수입에 대해 이래라저래라 하지 못하게 하는 것이 나의 꿈이었다. 당시 나의 재정상태는 내 사업을 시작할 기회를 노릴 수 있는 형편이었다. 그래서 나는 홀로 사업에 뛰어들기로 결심했다. 만일 사업이 수지타산이 맞지 않을 경우 벌어질 수 있는 최악의 상황은? 기껏해야 다시 누군가의 밑에서 일하게 되는 것이 아니겠는가.

그렇다고 해서 내가 즉각 사직서를 내고 바로 다음날 사업을 시작한 것은 아니었다.

창업에 대한 책을 읽다

우선 나는 창업에 관한 책을 한두 권 읽었다. 그 책들을 읽으면서 내 자신이 사업가에게 필요한 자질을 지니고 있음을 깨달았다. 나는 주도적이고 자발적이며 홀로 일하기를 좋아한다. 뿐만 아니라 혁신적이고, 모험을 기꺼이 감수하며, 그 외에 기업가로서의 성공에 필요한 몇 가지 남다른 자세와 특성도 지니고 있었다. 책을 읽으면서 나는 왜 내가 그동안 회사생활에서 뭔가 안 어울리는 사람인 것처럼 느꼈는지 깨닫기 시작했다. 대부분의 사업가들처럼 나도 기업이라는 틀에 맞지 않는 사람이었던 것이다. 내 사업을 시작하겠다는 생각은 이 책들을 읽으면서 점점 강렬해졌다.

어떤 사업을 할지
결정하다

다음으로는 어떤 사업을 시작할지 생각했다. 무엇보다도 내가 TV 방송국의 광고영업자였을 때 거래했던 고객들과 같이 일할 수 있는 사업으로 전환하는 것이 가장 손쉬운 방법이었다. 광고 및 마케팅 또한 나의 전문분야였다. 그렇다면 광고 에이전시 창업이 어떨까 하는 생각이 들었다. 그렇지만 오 클레르(Eau Claire, 미국 위스콘신 주에 있는 도시)의 기업 환경은 규모가 비슷한 다른 도시들과 달리 다수의 광고 에이전시들이 활동할 만한 것이 못 되었다. 좋은 성과를 올린 에이전시들도 있지만 많은 회사들이 버티지 못하고 폐업을 하고 말았다. 왜 그런 걸까?

시장조사를 하다

이러한 의문에 대해, 나는 먼저 고객 몇 명에게 광고 에이전시들을 어떻게 생각하는지 인터뷰를 해보았다. 그들의 대답은 한결같았다. 그들은 광고 에이전시들은 보통 자신들이 주도권을 쥐고서는 고객이 원하는 것은 들어주려고 하지 않는 것 같다고 응답했다. 고객들의 눈에 비친 광고 에이전시들은 수수료도 많이 요구했다. 게다가 광고비 지출이 광고 에이전시의 손에 달려 있는 탓에 고객의 사업체는 광고비 지출을 스스로 제어할 수가 없었다.

이 조사를 통해 나는 사업가들이 마케팅에 대한 길잡이와 조언자를 찾고 있음을 깨달았다. 적절한 조언을 받을 수만 있다면 그들은 어떤 매체를 통해서든 자사의 마케팅을 충분히 실현해갈 수 있을 것이었다. 몇 마디 조언 이상의 도움을 받고 싶어하는 사업가들도 있었지만, 대개 그들이 알고 싶어하는 것은 '무엇을 해야 하는가' 였다.

사업계획을 세우다

이러한 정보에 입각하여 나는 마케팅 컨설팅 사업계획을 세워나갔다. 내 사업을 '마케팅 컨설팅' 이라고 부르는 것은 두 가지 목적에 따른 것이었다. 첫째로, 그 이름은 내가 하고 있는 일을 적절하게 표현해주었다. 내가 하는 일은 고객들이 마케팅을 어떻게 해야 하는지를 돕는 컨설팅이었다. 둘째로, 오 클레르에는 그때까지 '마케팅 컨설턴트' 라고 불리는 사람이 없었기에, 나는 개업을 하자마자 "마케팅 컨설턴트가 뭔가요?"라는 질문을 받았다. 이는 그 지역의 기존 광고 에이전시의 범주에서 벗어난 용어로, 내 사업을 알릴 수 있는 절호의 기회였다. 또한 사람들의 이와 같은 질문은 내가 하려는 사업의 성격에 대해 내 나름대로의 생각을 정립해보는 기회가 되었다.

일정표를 짜다

어떤 일을 시작해야 할지 결정하고 나서 나는 일에 착수하기 전에 먼저 일정을 짰다. 때는 1994년 3월이었다. 나는 6월 말쯤 2주의 말미를 두고 사표를 내고 1994년 7월 첫 주에 회사를 그만두기로 결심했다. 이 일정표에 따라 나는 사업계획을 마무리하고 새 명함과 사무용품을 구상해서 제작하고 집기를 구입할 시간이 생겼다. 사업을 시작하기 위해 기본적으로 필요한 일들을 할 시간을 확보한 것이다. 재정적인 면에서 보면, 나는 이 일정표에 따라 연중 두 번째 성수기인 2/4분기 수금까지 마칠 수 있었다. 이로 인해 내 총수입은 엄청나게 늘어났다. 또한 7월분의 수금까지 모두 준비할 수 있었기에 7월 초에 회사를 그만둘 때면 나는 이미 7월 한 달분 수수료를 모두 받은 상태일 것이었다. 물론 나는 이 일정표를 따랐고, 결과적으로 현금을 두둑이 보유한 상태에서 사업을 시작할 수 있었다.

광고영업 경력을 쌓는 동안, 나는 수많은 기업들이 초기에 사업기획과 자본계획을 제대로 세우지 못해서 실패하는 것을 보아왔다. 따라서 나는 그러한 함정에 빠지지 않기 위해 사업기획과 자본계획을 신중하게 짰다. 그런 함정들을 피한 것을 보면 일단 효과는 있었던 것 같다. 하지만 내가 미처 피하지 못한 다른 함정들이 있었다. 예를 들어 청구서를 발행하고 수금을 하는 것에 대해서는, 그에 관한 책을 몇 권 읽긴 했지만 완전히 이해하기까지는 경험이 필요했다. 그리고 중심을 잃는다거나 내 시간과 서비스를 무료로 제공한다거나 하는 다른 함정들은 내가 읽은 어떤 책이나 문건에도 나와 있지 않았다.

실수란 일어나게
마련임을 인정하자

함정, 즉 실수를 피하고자 하는 갖가지 노력에도 불구하고 나는 계속해서 실수를 하며 사업을 끌고 나갔다. 다행히 나는 내 실수를 인정했으며, 실수로부터 교훈을 얻어 상황을 극복할 수 있었다. 비록 처음에는 그런 실수들을 인정하려 하지 않았지만 말이다. 나는 같은 실수를 모두 두 차례 이상 저질렀다. 몇 번이고 반복한 실수도 많았다. 사실, 날마다 되풀이되어 생기는 실수들 때문에 나는 지금까지도 골머리를 썩는다. 그러니 방심하지 말고 실수와 그에 따른 교훈을 새겨두어야 한다. 그렇지 않으면 같은 실수를 되풀이할 수밖에 없다.

이 책을 탈고하고 나서, 내가 예전에 저질렀던 실수들을 떠올려보고, 그 실수들을 곧바로 인정하며, 같은 실수를 되풀이하지 않을 수 있도록 스스로 이 책을 되풀이해 읽기로 다짐했다.

그렇지만 이것이 내가 이 책을 쓰게 된 근본적인 이유는 아니다. 나는 여러분이 내가 저질렀던 것과 같은 실수들을 가능하다면 미리, 적어도 처음 그 실수를 했을 때에는 알아차릴 수 있도록 도움을 주고 싶다. 이 책에서는 내가 했던 실수뿐 아니라 그에 대한 해결책도 함께 소개할 것이다. 내 해결방식이 그런 실수에 대한 유일한 처방은 아니겠지만, 적어도 내게는 효과적이었으며, 독자 여러분에게도 그러하길 진심으로 바란다.

친구들과는 거래하지 마라

2

친구들을 낯선 고객처럼 대하지 못할 것 같으면 그들과 거래하지 마라. 친구와 일하다 보면 어느 한쪽이 사기를 당하거나, 혹은 사기를 당한 듯한 느낌이 들 수 있다. 그리고 자신이 피해를 입게 될 확률이 크다고 생각하게 된다. 친구…… 그들을 사랑하라. 그러나 사업상의 거래에 있어서는 결코 그들에게 연연하지 마라.

사 업을 시작한 지 얼마 안 된 과도기에는 예전에 TV 광고영업
자로 일하면서 알게 된 고객들과 함께 일할 기회들이 무척 쉽
게 찾아왔다. 사업성을 조사할 때 의견을 물었던 이들 중 몇 명은 내
게 사업을 시작하면 자신들의 마케팅을 맡아줄 수 있겠느냐고 묻기
도 했다. 누군들 그러지 않았겠냐마는, 난 당연히 그런 제안을 받아들
였다. 앞으로의 수입에 대해 불안을 느끼고 있을 때 누군가가 당신에
게 함께 일하자고 하면 망설일 사람이 어디 있겠는가. 대부분이 일을
하겠다고 덤벼들 것이다.

하지만 내가 이 경험으로부터 얻은 교훈은 '친구와는 거래하지 말
아야 한다' 는 것이다.

위에서 말한 고객들 대다수는 내가 TV 광고영업자였을 때 동업관
계를 통해 맺어진 친구들이었다. 따라서 그들에게 나는 사교적인 의
미에서의 친구라기보다는, 그들이 필요할 때면 마케팅에 관한 도움

을 요청할 수 있는 사람이라는 의미에서의 친구였다. 그런 이유로 그들은 내가 광고영업자였을 때 해주던 '공짜 상담'과 '특별 서비스'에 익숙해져 있었다. 예전에는 그런 부가 서비스는 업무상 고객만족 차원에서 정당화할 수 있었다. 하지만 스스로 사업을 하는 경영주의 입장에서는 전혀 다른 문제였다.

공짜 서비스는 수익에
악영향을 미친다

일이 어떻게 되었을 것 같은가? 나 또한 특별 서비스를 해주면서 일하던 버릇에 익숙해 있었다. 사업을 할 때는 내가 해주는 모든 상담에 대해서 대가를 받아야 한다는 사실을 깨달으면서도 그런 특별 서비스 때문에 사업수익이 얼마나 줄어들고 있는지는 모르고 있었다. 또한 친구이자 고객인 사람들이 내 전문성에 대해 어떻게 생각하는지가 그들과의 거래에 영향을 미칠 수 있다는 것도 깨닫지 못하고 있었다. 나에 대한 그들의 시각과 부가 서비스를 바라는 그들의 마음은 내 사업에 걸림돌이 되었다. 한동안 나는 일이 어떻게 돌아가는지 알아차리지 못했다. 일이 어떻게 된 건지 겨우 깨닫게 된 후에도 상황을 이해하느라 속으로 몇 번이고 나의 상황을 돌이켜보았다. 내가 얻은 결론은 다음 세 가지로 이야기할 수 있다.

친구인 고객들은 나를
어떻게 생각했는가?

무엇보다도 나는 사업을 시작하고 나서 여러 가지를 급속하게 배워가는 중이었다. 어떤 고객들은 내가 할 수 있으리라 생각되는 일만 의뢰하고 다른 분야에 있어서는 나를 신뢰하지 않았다. 그들이 보기에 나는 TV 전문가였지만 인쇄 등 다른 매체에 있어서는 능숙하지 못했다. 한 예로, 한 친구 고객이 내게 인쇄물 작업을 맡긴 적이 있었다. 나는 레이아웃을 짰고, 우편발송 리스트를 작성해서 우체국을 찾는 한편, 인쇄물을 찍고 배포하는 데 따르는 전반적인 책임을 졌다. 그러나 그 고객은 이 프로젝트가 진행되는 내내 거의 모든 의사결정을 다른 누군가에게도 중복해서 확인했다. 다른 누군가라 함은 인쇄나 마케팅 분야의 전문가가 아니라, 마케팅 전문지식이라고는 눈곱만큼도 없는 직원이나 친구들, 아니면 사업가들이었다. 이 고객에게 있어 다른 누구의 의견이 내 의견만큼 중요하게 여겨진다는 사실은 곧 나에 대한 불신이었고, 나는 그 사실에 몹시 절망했다. 친구이자 고객인 사람의 불신은 낯선 사람의 불신보다 훨씬 혼란스러웠다. 그로 인한 낭패감은 그 고객과의 일뿐만 아니라 다른 고객들과의 일에까지 영향을 미쳤다.

이번에는 전혀 상반된 경우를 예로 들어보자. 한 친구는 나의 전문지식에 대해서는 전혀 질문하지 않았고, 내가 마케팅의 '모든' 분야에서 오랫동안 일해온 사람처럼 일을 진행하기를 기대했다. 내가 처음으로 만들었던 사진이 들어간 신문광고 작업이 그런 경우였다. 그 광고물은 레이저 프린터로 종이에 인쇄된 형태로 신문사에 전달되었다. 이런 방식은 압축디스크(zip disk)나 CD가 등장하기 전에 쓰이던 것으로, 기억은 잘 안 나지만 사실 그렇게 오래 전 일도 아니다. 종이에 인쇄된 광고는 나나 광고주가 보기에도 선명했다. 하지만 레이저 프린터로 뽑은 것이었기 때문에 신문지에는 아주 어둡게 나오고 말았다. 광고가 인쇄되고 나서야 나는 그 사실을 발견했고, 신문지상에는 이미 그 광고가 처참하도록 시커멓게 나와 있었다. 나도 고객도 그런 경험은 처음이었다. 신문광고가 다 배포되고 나서 내가 사진이 어두운 이유에 대해 물어볼 때까지, 신문사의 어느 누구도 레이저 프린터로 인쇄된 사진은 신문지에 어둡게 나온다는 말을 해주지 않았다. 이 사건은 모든 관계자들, 그 중에서도 특히 나에게는 뼈저린 경험이었다. 비록 고객은 전후 상황을 받아들이고 불평도 하지 않았지만, 나는 고객을 실망시켰다는 느낌을 지울 수가 없었다.

친구이자 고객인 사람들이 드러내는 불신 혹은 전적인 신뢰, 이 두 가지 태도 모두가 내게 교훈을 주었다. 나는 내가 알아야 할 것은 알고 있다는 사실을 내보이려 노력하면서, 한편으로는 내가 모르는 것에 대해서도 침착한 표정을 유지하면서 답을 찾느라 허둥대고 있었다. 이런 식의 우유부단함은 시간낭비였을 뿐 아니라 정신적으로도 진이 빠지는 일이었다.

고객의 기대를
변화시키는 것은 불가능하다

둘째로, TV 광고영업자였을 때 나는 항상 고객들을 위해 부가 서비스를 해주었기 때문에 그들은 계속해서 똑같은 대우를 기대하고 있었다. 문제는, 그때는 고객들을 고정고객으로 유지하기 위해 일정 비용을 회사로부터 지급받았지만, 자영업을 하는 지금은 고객들로부터 이에 대한 대가를 받아야 했다. 하지만 그들이 예전에는 그런 서비스에 대가를 지불하지 않았었다는 것도 문제였고, 그들이 지불해야 할 '적정 가격'을 정하는 것도 어려운 문제였다.

늙은 개에게 새로운 재주를 가르치는 것은 어려운 일일 것이다. 그러나 자신의 입장을 굳힌 고객의 기대를 바꾸는 것은 훨씬 더 어려운 일이다. 나는 고객들과 마주 앉아서 그들이 기대하는 것들에 대해 이야기할 배짱이나 경험, 혹은 용기가 없었다. 그러니 나 또한 문제였다. 그들이 원하는 것 이상으로 주는 데 익숙해져 있었고, 그런 상황을 바꾸고 싶지도 않았으니. 어떻게 하면 투자한 시간과 노력을 보여주는 서비스를 해주면서도 이윤이 남도록 사업을 이끌어갈 수 있을까 하는 것이 문제였다. 그런 난국을 헤쳐나가려던 나는 이윤뿐만 아니라 개인적인 시간까지도 엄청나게 희생하고 있었다.

친구를, 고객을
잃고 싶지 않다?

세 번째로, 친구이자 고객인 입장에서는 의뢰서에 명시되지 않은 일이더라도 도움을 요청하기가 쉬웠다. 나 또한 그들의 요청을 존중하고 부가 작업에 대해서는 청구하지 않으려고 했다. 다들 예상하겠지만, 우리의 의뢰서는 모호한 데다 구두로 작성된 것이었다. 나는 그런 고객들과의 거래에서 문서상으로 제한 사항을 두지 않으려 했었다. 그들은 나에게서 구두로든 문서로든 어떠한 제한도 받아본 적이 없었으니까! 추가로 다른 요청이 들어오면, 친구된 입장에서 나는 대개 구두계약을 수정해야 한다는 생각을 하지 않고 일을 진행했다. 나는 이런 얘기를 하는 것이 우리 우정의 발목을 잡을까 우려되었다. 그렇게 해서 친구를, 그리고 고객을 잃게 될까 무서웠던 것이다.

가족이나 친구와 거래하지
말아야 하는 이유

우정은 양측 모두에게 공정하게 사업하는 것을 힘들게 한다. 대개는 어느 쪽도 다른 쪽으로부터 불이익을 당하지 않도록 신중하게 계약을 하지만, 그런 일은 쉽게 일어난다. 사업을 시작하거나 업종을 변경한 사람은 그로 인한 모든 불확실성과 낯설음 때문에 매우 취약한 입장에 처하게 되는데, 이때가 바로 친구, 특히 전 직장에서 알던 고객들과 거래해서는 안 될 결정적인 시기이다. 이 시기에는 내가 무엇을 했고 내가 어떤 사람인지에 대한 사전 지식을 갖고 있는 사람이 아니라 당신을 액면 그대로 볼 줄 아는 사람과 거래를 할 필요가 있다. 친구들은 나와의 친분 때문에 무의식 중에 당신을 어쩔 수 없는 처지로 만들고는 관계를 계속 그렇게 끌고갈 수 있다. 나에 대한 친구들의 기대는 일에 대한 나의 태도에 영향을 미친다. 우선은 친구들을 만족시키고 그 후에 새로운 고객들과 일을 진행할 수 있을 거라고 생각한다. 하지만 이처럼 남는 것도 없고 정신적으로 진이 빠지는 일도 없다.

몇 년을 이런 일로 끙끙대다가 내 자신과 친구들, 그리고 이 모든 상황에 대해 절망하게 된 후에야 나는 새로운 고객들과 거래해야만 했다는 사실을 깨달았다. 낯선 고객들, 즉 내가 TV 광고영업자로 일했을 때 함께 일해보지 않았던 사람들은 내 능력에 대한 선입견도 없었고, 나를 그 분야의 전문가로 여겼다. 새로 만난 고객들이 당신을 '전문가'로 인정해주는 것은 멋진 일이다. 실제로 그런 전문가가 되어 그 사람들의 신뢰를 얻느냐 얻지 못하느냐 하는 것은 전적으로 당신에게 달려 있다.

나는 새로운 고객들과 일하면서 친구들과 일할 때는 느끼지 못했던 자유와 희열을 되찾았다. 그리고 곰곰이 돌이켜본 결과, 친구들과 거래하는 것은 양쪽 모두에게 이롭지 못하다는 것을 깨닫게 되었다.

이런 깨달음이 있은 이후, 친구가 작업을 의뢰해오면 나는 마음속으로 그를 친구가 아닌 단순한 고객이라고 여긴다. 나는 솔직하게 견적가를 제시하고 계약서에 서명하게 한다. 그렇다면 아직도 때로는 친구들에게 무료로 상담을 해줄까? 그렇다. 그러나 예전과 달라진 점은 그 사람에게 "이건 무료로 해드리는 겁니다"라고 명확하게 밝힌다는 것이다.

친구들을
낯선 고객처럼 대하라

친구들을 낯선 고객처럼 대하지 못할 것 같으면 그들과 거래하지 마라. 친구와 일하다 보면 어느 한쪽이 사기를 당하거나, 혹은 사기를 당한 듯한 느낌이 들 수 있다. 그리고 자신이 피해를 입게 될 확률이 크다고 생각하게 된다. 친구…… 그들을 사랑하라. 그러나 사업상의 거래에 있어서는 결코 그들에게 연연하지 마라.

중심을, 목표를 잃지 마라

3

중심을 잃으면 무슨 일을 하더라도 무언가 해내고 있다는 성취감을 가질 수 없다. 혼란스러워지는 것이다. 어딘가 모르게 불안하지만 왜 그런지는 알 수 없다. 마치 사방으로 끌려 다니는 것 같다. 어떤 것도 제대로 해내고 있지 못한 듯해서 불만족스럽다. 목적 없이 그저 둥둥 떠다니는 것만 같다. 이렇듯, 중심을 잃는다는 것은 모든 것을 뒤흔드는 일이다.

자기 사업을 시작하고 나면 중심을 잃게 만드는 유혹이 끊임없이 생겨난다.

　당장 사업을 접고 다른 사람 밑에서 일하고 싶은 마음이 심심찮게 생길 것이다. 사업에 대한 책임을 짊어질 필요도 없고 내 앞으로 나오는 급여까지 보장받는다는 유혹의 손길에 반응을 보이지 않기도 어렵다. 그래서 피고용자의 자리로 돌아가는 사람들도 있지만, 그리 오래 가지는 못한다. 자기 사업을 하는 이유가 자기만의 시간과 자기만의 운을 스스로 지배하고 싶기 때문이라면, 이런 자기 경영권을 다른 사람에게 넘기는 것은 힘든 일이다. 자금난에 시달리거나 납기일을 맞추느라 애쓰다 보면 모든 책임을 다른 사람에게 던져버리고 싶은 마음이 간절할 수도 있다. 하지만 그런 책임과 더불어 포기해야 하는 것은 희생시키기에는 너무나도 큰 것, 바로 자기 경영권이다.

자기 사업의 매력
- 자기 경영권

자, 이제 현실을 직시하자. 자기 사업을 하는 주된 이유 중 하나는 바로 권력이다. 이것이 바로 자기 사업을 하는 사람이 남 밑에서 일하는 것을 힘들어하는 이유이다. 사업가는 자기 경영권을 갖고 싶어한다. 이것은 속된 말로 '보스'가 지배력을 가지려는 것과는 미묘하게 다른 것이다. 내가 사업을 시작하고 일 년쯤 지났을 때인가, TV 광고영업자 시절 알던 고객 한 사람이 내게 전화를 해서는 자기 회사의 마케팅 부서를 맡아달라고 했다. 그 회사는 마케팅 분야를 아웃소싱하는 중이며 내게 주려는 자리도 상근직은 아닐 것이라고 했다. 신규사업에 고군분투하는 나 같은 사람에게 그 제안은 엄청난 기회로 보였다. 나는 프레젠테이션 자료를 작성해서 90마일이나 떨어진 그 회사까지 갔다. 결과는 대만족이었고 그들은 내게 작업을 발주했다.

하지만 그 상황에는 한 가지 결함이 있었다. 그 회사의 직원이자 나를 섭외한 친구는 내 자리를 아웃소싱하기 위해 두 명의 사주를 애써 납득시키고 있었다. 사주들은 아직 확신을 갖지 못한 상태였고, 아웃소싱에 대해 만족스러워하지 않고 있었다. 그들에게는 회사 사무실 코앞에서 일할 수 있는 사람이 필요했다. 결국 그들의 제의를 받아들이려면 내 사업을 내버리고 사무실도 옮겨야 하는 형편이었다. 그 중 어느 것도 원치 않았기에 나는 그 제의를 거절했다.

그러나 거절이 쉽지는 않았다. 제의를 거절하겠다는 확신을 갖기 위해서는 나만의 우선순위를 다시 정리하고 진정으로 원하는 것이 무엇인지 알 수 있을 때까지 고민해야 했다.

중심을 잃게 되는 이유 1 - 확고한 우선순위가 없다

확고한 우선순위가 없거나 생각할 시간이 없는 것은 일상적 차원에서 중심을 잃어버리는 원인이 된다. 종종 스스로가, 그리고 다른 사업가들이 "중심 잡기가 힘들어"라고 말하는 것을 볼 수 있다. 여러분도 이런 생각을 해보았는가? 주로 사업에 파묻혀 정신없는 하루하루를 보낼 때 이런 현상이 일어난다. 판에 박힌 일을 하느라 너무 바빠서 대체 어떤 일을 하고 있는지 스스로 확인할 여유도 없다. 과연 이것이 내가 하려던 일인가? 이 일을 하면 내가 가고 싶은 길로 가는 것인가? 이미 중심을 잃은 상태라면 아마도 이 질문들에 대한 답을 얻지 못할 것이다.

중심을 잃으면 무슨 일을 하더라도 무언가 해내고 있다는 성취감을 가질 수 없다. 혼란스러워지는 것이다. 어딘가 모르게 불안하지만 왜 그런지는 알 수 없다. 마치 사방으로 끌려 다니는 것 같다. 어떤 것도 제대로 해내고 있지 못한 듯해서 불만족스럽다. 목적 없이 그저 둥둥 떠다니는 것만 같다. 이렇듯, 중심을 잃는다는 것은 모든 것을 뒤흔드는 일이다.

중심을 잃게 되는 이유 2 - 우선순위(목표)를 정리해두지 못했다

우선순위를 정하지 못했거나 이미 정해놓았던 우선순위를 따르지 못하면 흔히 이와 같은 일이 발생한다. 최근에 나는 지금은 고전이 된 책 한 권을 다시 읽었다. 나폴레온 힐(Napoleon Hill)이 지은 『생각의 부자가 세상을 이끈다, Think and Grow Rich』란 책이었다. 몇 년 전에 읽고서 완전히 푹 빠졌었는데, 저자가 가르쳐준 대로 우선순위, 즉 목표를 정하고 그것들을 글로 적어두고, 하루에 두 번씩 큰 소리로 읽음으로써 그 목표를 성취하기 위해 시각화하는 과정은 잘 따르지 못했었다. 이번에 그 책을 다시 읽으면서 그런 지침을 따르는 것이 무척이나 도움이 되리라는 확신이 생겼다. 나는 여러분을 비롯한 수많은 사람들과 마찬가지로 종이에 적어둘 수 없는 모호한 목표를 갖고 있었다.

그러한 목표 중의 하나는 이 책을 쓰는 것이었다. 나는 책을 펴내는 것에 대해 몇몇 사람들에게 얘기했고 동료들과 그에 대한 이야기를 나누기도 했지만 실제로 책을 써야겠다고 글로 적어본 적은 없었다. 나는 『생각의 부자가 세상을 이끈다』를 다시 읽고 나서 나폴레온 힐의 제안을 시도해보기로 결심했다. 자리를 잡고 앉아 나의 우선순위와 목표들을 생각해보았다. 그런데 세상에! 생각보다 시간이 꽤 걸렸다. 내가 진짜로 하고 싶은 것을 알아내는 데에는 시간이 필요했다. 나는 내가 수익성 있는 프로젝트와 수입의 흐름에 집중하고 있지 않았음을 깨달았다. 나는 판에 박힌 일들을 따라 이리저리 부유하고 있었으며 내게 주어지는 것이면 아무 일이나 맡았고, 나의 목표를 추구하지 못하고 있음을 발견했다. 나는 분명 중심을 잃고 있었다.

나는 직접 신경 쓰지 않아도 수입을 창출해낼 수 있는 자산을 만들어서 재정적인 자유를 얻는 것을 목표로 정했다. 나는 마케팅 컨설팅을 좋아하지만, 매일 그 일만 한다면 재정적인 목표를 이룰 수 없을 것 같았다. 하지만 내가 느끼고 배운 것을 책으로 쓴다면 재정적으로 자유로운 상태를 만들어줄 자산이 될 것이라 생각했다. 그래서 나는 두 달 안에 책을 쓰고 그 후로 몇 달 내에 책을 펴내는 목표 한 가지를 더 적었다. 목표하는 날짜까지 구체적으로 적어놓으니 마치 '지령'처럼 느껴졌다. 진짜로 일어날 일 같았다. 그렇게 적어둔 목표를 매일 읽으면서 내 마음은 미사일처럼 목표를 향해 집중하며 나아갔다.

나폴레온 힐의 지침을 따른 이후 내 주의력이 얼마나 강해졌는지는 믿을 수 없을 정도였다. 생각이 맑아지자, 책을 쓰는 일뿐 아니라 다른 여러 가지 목표 또한 성취할 수 있었다. 나는 내 일에 대해, 그리고 무엇보다 중요한 내 진로에 대해 열성을 갖게 되었다. 내가 참여했던 성공모임은 내가 쓴 글에 대해 피드백을 해주었을 뿐 아니라 세부 내용에 대해서도 구체적으로 이런저런 질문을 던져주어 일을 진행하는 데 큰 도움을 주었다.

돌이켜보면 내가 왜 중심을 잃었었는지 쉽게 이해할 수 있다. 애당초 중심이라고 할 것이 없었던 것이다. 무엇에 집중하고 있는지 모르는데 어떻게 집중할 수 있겠는가? 내가 어디로 가고 있는지 모른다면, 아무 길로든 갈 수 있는 것이나 마찬가지다. 나는 내가 어디로 향하고 있는지 생각하고 차분하게 적어 내려갈 시간을 가지려 하지 않았다. 막연하게 불안해하던 것이 당연하다. 명확한 진로 하나 없이 일상적인 비즈니스 일과를 정처 없이 떠돌던 나는 목적지로 가는 해도(海圖)도 없이 대양을 표류하는 배와 마찬가지였다. 나침반도 있으나마나 했고 새 돛을 달아도 소용이 없었다. 명확하게 글로 정리한 목표가 없었다면 나는 계속해서 비즈니스의 기회가 널린 바다에서 정처 없이 표류했을 것이다.

최근 나는 중심을 잃었다며 투덜대는 사업가들을 위한 연설원고를 준비하고 있다. 꼭 집어 물어보지는 않았지만, 그 사람들과 대화를 나누어보니 나와 마찬가지로 그들 역시 자신들의 목표를 진지하게 생각하거나 적어서 정리해두지 않았던 것 같다. 단 일 분만 생각해보자. 의식적으로 확고하게 정해놓은 대상도 없이 어떻게 무언가에 집중할 수 있겠는가?

목표를 이뤄낼 수 있도록
스스로와 약속을 하자

당신에게는 목표가 있는가? 당신의 중심은 무엇인가?

적어놓은 목표들 중에서 이 질문에 대한 대답을 찾을 수 없다면, 우선 자신의 목표에 대한 해답이 나올 때까지 고민을 계속하기로 자기 자신과 약속을 하라. 이 약속을 지키는 데 충분한 시간을 두어라. 나 또한 많은 시간이 필요했다. 스스로에게 "내가 진짜로 원하는 게 뭐지?" 하고 물어보라. 목표를 찾게 되면 글로 적어라. 명확하게 정리하고 날짜도 적어라. 측정할 수 있는 용어들로 목표를 적어서 목표를 수량화하라. 그러고 나서 나폴레온 힐이 지시한 대로 매일 그 목표들을 읽어라. 이 과정을 따른다면 머지않아 스스로 이뤄낸 성과에 놀라게 될 것이다. 그리고 더 이상 중심을 잃었다고 투덜거리지 않게 될 것이다.

이 책이야말로 목표를 세우고 글로 적어서 매일 되돌아보는 것이 효과적이라는 것을 증명해주는 예이다. 지금 이 책을 읽고 있는 당신은 내가 집중했던 목표 중 하나를 손에 쥐고 있는 셈이니 말이다.

공짜 사은품으로 당신은 무엇을 이루고자 하는가?

원하는 성과를 얻을 수 있는 정당한 기회가 있는가?

시간이든 상품이든 서비스이든, 공짜 사은품을 주는 데 들일 시간이 있는가?

공짜 사은품을 줌으로써 발생하는 손실을 기꺼이 감수할 수 있는가?

소 규모 사업자들이 공짜로 물품을 내걸고 거래하는 모습을 자주 볼 수 있다. 그 중에는 합법적인 판촉 활동도 있고 자선 기부의 형태도 있지만, 그런 공짜 물품이나 서비스 제공이 불필요한 경우도 있다.

소규모 사업자들은 사업을 하는 데 있어 전혀 필요하지 않은 공짜 사은품을 뿌려대곤 한다. 사업을 하려면 그렇게 해야 한다는 잘못된 사고방식 때문이다. 최근에 참석했던 여성 기업가 모임에서 한 경영주가 이렇게 말했다. "우리는 영세업자들이기 때문에 사은품을 대량으로 배포해야 합니다." 우리가 그래야만 한다고? 대체 왜?

불필요한 서비스나 사은품을
제공하지 마라

사업을 처음 시작했을 무렵에는 고객에게 사업 제안서를 제시하는 것도 쉽지 않았다. 그래서 사업을 제안하려면 우선 고객에게 내가 무엇을 할 수 있는지를 보여주어야 한다고 생각했다. 말하자면 내 능력을 증명할 수 있는 마케팅 아이디어를 제시해서 고객들을 감탄하게 해야 한다고 생각했던 것이다. 이런 식으로 사업 제안을 하면서 나는 고객이 내 아이디어를 마치 사은품처럼 대가도 치르지 않고 이용할지 모를 위험을 감수했다. 나는 어떤 조건도 달지 않고 내 모든 아이디어를 사업제안서에 담아주었던 것이다. 다행히 대부분 나와 잘 알고 신뢰할 만한 사람들과 거래했기 때문에 한동안은 대가도 없이 아이디어를 도용당하는 일은 생기지 않았다.

그러나 사업을 시작하고 몇 년이 지났을 때 한 청과물상에 사업제안서를 냈는데, 그 업주는 나의 아이디어를 이용하고 대가를 치르지 않았다. 첫 번째 미팅을 갖고 나서 사업제안서를 전하는 미팅을 하기 전에 나는 그 상점의 영업현황에 대해 몇 가지 조사를 했다. 조사 결과, 그 상점의 경쟁상대 모두가 프레드 식품점, 조지 IGA 체인점처럼 사람의 이름이나 성을 상호로 쓰고 있었다. 나는 제안서에서 상호명을 상점 주인의 이름이 들어간 것으로 바꾸어서 지역 주민들이 그 가게를 사람 이름처럼 부를 수 있도록 하면 경쟁상점과 좀더 동등한 위치에 올라설 수 있을 것이라고 제안했다. 그 지역 소비자들은 그들의 이웃 같은 상점에서 쇼핑하는 것을 좋아했다. 따라서 주인 이름과 상점 이름을 통합하면 소비자들은 그 상점을 더 매력적으로 느낄 것이라고 생각했다. 그러나 그 상점 주인은 내게 일을 의뢰하지는 않고 내 아이디어를 도용하여 가게 이름을 주인 이름이 들어간 것으로 바꿨다. 그 후로 일년 동안 나는 붐비는 고속도로변에 세워진 그 업주의

간판을 수도 없이 지나쳤다. 물론 내가 제안했던 새 상호명이 찍혀 있었다. 그 간판을 지나칠 때마다 나는 그 상점과 업주에게 해준 무상봉사를 가슴 아프게 떠올려야 했다.

이 경험을 통해 나는 사업제안서에서 아이디어를 남발해서는 안 된다는 귀한 교훈을 얻었다. 내가 팔아야 하는 것은 아이디어였다. 그런 아이디어들을 거래를 성사시키기도 전에 사업제안서나 말로써 누설하면 고객이 비용을 내지 않고 그 아이디어를 사용할지도 모를 위험부담을 안게 된다. 그런 식으로 내 수입의 핵심을 남에게 거저 줘버리는 것은 사업가로서 자격이 없는 일이다.

그 뒤로 나는 사업 아이디어는 포함되어 있지 않고, 대신 고객의 상황을 되돌아보고 고객을 돕기 위한 나의 조치가 무엇인지를 설명하는 제안서를 만들기 시작했다. 내가 함께 일해본 적이 없는 고객인 경우에는 사업제안서에 어떤 아이디어도 넣지 않도록 주의했다. 고정 고객에게는 때로 계약을 하기 전에 아이디어를 제시한 적이 있다. 하지만 그들은 언제나 대가를 치렀으니 공짜라고 볼 수는 없다.

아직도 나는 고객들과 대화를 나누는 도중에 아이디어를 그냥 주고 싶은 유혹을 이겨내곤 한다. 누군가 문제를 들고 찾아오면 돕고 싶어 안달이 나서는 일을 함께하기로 합의하기도 전에 도움이 될 만한 아이디어를 내뱉을 태세가 되곤 한다. 이제는 그런 상황이 오면 마음속으로 스스로를 최대한 빈틈없이 체크하고, 상대방에게는 어떻게 해야 할지에 대한 아이디어가 있지만 내 수입은 바로 그 아이디어에서 생겨나는 것이기에 발설하면 안 된다고 이야기한다. 이어서 그들에게 나에게 일을 맡기라고 제안하면서 내 아이디어를 통해 얻을 이익에 대한 수수료를 제시한다. 이렇게까지 설명을 듣고 기분 나빠하는 사람은 지금까지 한 명도 보지 못했다.

공짜는 서비스의
가치를 하락시킨다

사실 나는 무상봉사가 내 서비스의 가치를 훨씬 높인다고 생각한다. 그리고 실제로 내 서비스를 높이 평가하게 만들었다. 그러나 지나친 선심은 장차 고객이 될 사람들의 머릿속에서는 물론, 놀랍게도 나 자신의 마음속에서도 상품이나 서비스의 가치를 하락시킨다. 자신의 마음속에서부터 자기 상품이나 서비스의 가치를 깎아내린다면, 과연 이윤이 생기게끔 가격을 책정할 수 있을까? 자신의 상품 및 서비스의 가치를 스스로 납득하지 못한다면, 과연 다른 사람을 설득할 수 있을까? 명심하자. 공짜 상품이나 서비스는 자제해서 현명하게 사용해야 한다.

상품이나 서비스를 장차 고객이 될 만한 사람에게 샘플로 제시하는 것은 유용한 마케팅 수단이 될 수 있지만, 거래가 성사되지 않는다면 불필요하고 손해가 막심한 제안이 될 뿐이다. 상품 또는 서비스를 공짜로 제시하기 전에 스스로 확인하라. "이게 꼭 필요한 일일까? 이렇게 하면 내가 따내지 못할 일을 맡을 수 있을까? 공짜 사은품을 준 보람이 있을까?"

예전에 거래를 한 적도 없고 계약서에 아직 서명도 하지 않은 고객에게는 샘플 서비스를 제공하지 마라. 고객과의 거래를 성사시키기 위해 특별 서비스를 더하는 것이 효과적인 사은품이 될 수 있을지도 모르지만, 그 전에 부디 이 책의 가격 책정에 관한 부분을 참고하기 바란다(제6장 참조). 당신이 고객에게 주려는 공짜 사은품에 대해 끝까지 고민하라. 그 공짜 사은품 없이는 거래를 할 수 없었을까? 거래를 트지 못한 잠재고객에게 사은품을 주느라 지금껏 돈을 얼마나 썼는가? 그 사은품이 제값을 했는가? 사은품을 주는 것이 정말로 시간을 들여가며 이윤까지 포기할 만한 일이었는가?

봉사활동으로 일거리를
얻기를 바라지 마라

장차 고객이 될 사람에게 들이는 시간에 대해 이야기하다 보면 자선 서비스에 대해 이야기하지 않을 수 없다. 수많은 소규모 사업자들이 자선 사은품에 대해 애매한 개념을 갖고 있다. 자선 사은품을 줌으로써 좋은 평판을 얻는 것은 물론, 잘하면 더 많은 거래를 따낼 수 있다고 생각하는 것이다. 하지만 실제 그런 경우는 드물다. 자선 사은품은 직접적인 거래에 아무런 영향도 주지 못하는 경우가 훨씬 흔하다.

사업을 시작하고 몇 년이 지났을 때 나는 지역봉사단체에 가입했다. 한 고객이 나를 창단 모임에 초대해서 가보니 아는 사람도 몇 명 있었다. 그들 중 한 명이 내게 가입을 권하면서 자신은 이 모임에 참석하고 나면 매번 건수를 올린다고 했다. 애초에 나는 일거리를 찾는 방편으로서가 아니라 지역사회에 이익을 환원하는 방편으로 이 단체에 관심을 가졌다. 그러나 그 사람의 말을 듣고 나는 그곳에서 사업거리를 찾을 수 있을지도 모른다고 스스로에게 되뇌면서 연간 360달러라는 가입비를 받아들였다. 그리고 그 단체에 가입했다.

나는 4년 동안 그 모임에서 활동하면서 회원들로부터 몇 가지 일거리를 받기는 했다. 하지만 그때 얻어낸 일거리로 내 단체활동이 성공했는지 실패했는지를 판단하고 싶지는 않다. 인생에는 일거리를 찾아다니는 것 말고도 할 일이 많다는 걸 잘 알기 때문이다. 봉사단체를 비롯한 여러 단체에서 활동하는 이유는 자기 사업을 홍보하기 위한 것이 아닌 다른 것이어야 한다. 사업에 집중할 시간, 그리고 자기 자신을 위한 시간과 지역사회에 환원하는 시간은 따로 있는 법이다. 물론, 그것들은 서로 겹칠 수도 있고, 단체활동을 하면서 쌓은 우정 때문에 일거리가 생길 수도 있다. 그렇게만 된다면 정말 좋은 일이겠지만, 거래 건수를 얻는 것을 목표로 봉사단체에 가입해서는 안 된다.

'시간'도 일종의
공짜 서비스이다

단체활동을 시작하면 또 다른 공짜 서비스를 해주게 된다. 단체에 가입하면, 의례적인 수준에서 참가하건 활동적으로 참가하건 일정 시간을 소비하게 된다. 그 시간도 내게 주어진 하루 24시간의 일부에 해당하는 시간이다. 그 시간은 사업에 쓸 시간에서 빼낼 수도 있고 사적인 시간에서 빼낼 수도 있는데, 소규모 사업자라면 때로는 이 두 가지 시간이 애매하게 겹쳐 있을 수도 있다. 그런 만큼 단체활동에 빠져들면 결국 거기서 요구하는 만큼의 참여도를 유지하기 위해 너무 많은 자기 시간을 저당 잡히기 십상이다. 난 이런 사실을 무척 힘겨운 과정을 통해 깨달았다.

사업을 시작했을 무렵, 나는 '서부 위스콘신 광고인 모임(Western Wisconsin Ad Club)' 활동에 푹 빠져 있었다. 나는 4년 임기의 의장 노릇을 두 번 하고, 이어서 '광고의 날 위원회(Ad Day Committee)'의 회장을 맡았으며 '광고상 위원회(Award Committee)'에도 참가했다. 이런 일들을 하는 데는 엄청난 시간이 들었다. 광고인 모임의 일원으로 있을 때는 앞서 말한 봉사단체에도 가입했다. 그때 그 봉사단체에 있던 일군의 사업가들이 '위스콘신 여성기업가 모임'의 '치페와 밸리 여성 사업주 지부'를 만들고 싶어했다. 그들은 첫 모임에 나를 초대했고, 내게도 그 조직이 도움이 될 것 같았기에 나는 매우 열성적으로 참여했다. 사실 처음 두 해 동안은 의장으로까지 활동했다.

이 세 단체 모두는 내 시간의 많은 부분을 차지했다. 실제로 하루 종일 이 단체들과 관련된 일만 하는 날도 있었다. 온갖 회의를 준비하거나 프로젝트를 진행해야 했고, 그렇지 않으면 단체의 관계자들과 이야기를 나눠야 했다. 이 모든 일에는 시간이 들었고, 나는 아무런 대가 없이 엄청난 시간을 뿌려대고 있었다.

공짜 서비스는
나의 시간을 훔쳐간다

나는 자선단체에 그토록 많은 시간을 할애하면서 동시에 내 사업까지 성장시킬 수는 없다는 것을 깨달았다. 자선단체에 많은 시간을 할애하면 내 자신으로부터 사적인 시간을 강탈하는 것임은 물론, 내 사업에 필요한 시간까지 훔쳐내는 셈이라는 것을 알게 되었다. 거래의 기회를 잡으려고 그 단체에 가입한 것은 아니었지만, 거기서 거래 기회를 잡는다고 해서 사업을 할 시간 중 일부를 빼내어 쓴다는 것을 정당화할 수는 없었다.

그렇다면 나는 이 난국을 어떻게 벗어났을까? 다행히도, 시간과 상황이 내가 이런 단체활동에서 한발 물러나는 것을 도와주었다. 광고의 날 행사는 참여율 저조로 인해 취소되었다. 광고인 모임에는 자체적인 변화가 생겨서 나는 회원자격을 포기했다. 여성기업가 모임도 내가 1년 가까이 그곳을 떠나 있는 동안 변화가 생겼고, 지금 난 다시 그 모임에 참석하고는 있지만 더 이상 간부로는 활동하지 않는다. 나는 여전히 예전의 봉사단체 회원이지만, 지나치게 열성적으로 참여하지 않게끔 스스로 주의를 기울인다. 의식적으로 과감하게 모든 단체활동을 그만두지는 못했지만, 그 단체들에 너무 많은 시간과 에너지를 소비하고 있음을 자각하고 있었다. 내 입장에서는 그러한 소모를 줄여야 했다. 상황이 허락되는 한 나는 가급적 참여도를 낮추었으며, 이제는 내가 얼마나 참여하고 있는지 주의 깊게 지켜보고 있다.

내가 단체활동을 하는 이유는 사업을 발전시키기 위해서가 아니라 자기계발과 지역공동체에 대한 봉사를 위해서이다. 여러분들도 그런 자세를 갖기 바란다. 자기 상품과 서비스를 자선단체에 기부하는 것이다. 할 수만 있다면 시간도 기부하라. 이런 모든 것은 지역공동체의 개선을 위해서, 혹은 자신의 성장을 위해서임을 기억하라. 의식적으로라도 그렇게 해야 한다. 일거리를 따낼 수 있지 않을까 하는 마음으로는 그런 일을 하지 마라. 순전히 일거리를 얻기 위해 애쓴다면 당신은 십중팔구 실망하게 될 것이므로.

다만, 당신의 사은품을 파악하고 있어야 한다. 시간이든 서비스이든, 자신이 제공하는 공짜 사은품에 대해서는 예리하게 파악하고 있어야 한다. 공짜 사은품을 주기 전에 잠시 멈추고 다음과 같은 내용에 대해 찬찬히 생각해보라.

- 공짜 사은품으로 당신은 무엇을 이루고자 하는가?
- 원하는 성과를 얻을 수 있는 정당한 기회가 있는가?

- 시간이든 상품이든 서비스이든, 공짜 사은품을 주는 데 들일 시간이 있는가?
- 공짜 사은품을 줌으로써 발생하는 손실을 기꺼이 감수할 수 있는가?

이런 희생을 기꺼이 받아들일 수 있다면, 그리고 공짜 사은품이 사업이나 자기 자신, 아니면 지역공동체에 도움이 된다고 생각한다면, 기꺼이 주어라. 대신 한 가지만 기억하라. 사은품을 주기 전에 잠시 멈춰 생각하고, 위의 질문들에 대답을 해보는 것이다. 그리고 나서 사은품을 줄지 말지에 대해 결정하라. 현실적인 기대를 가지고 의식적으로 사은품을 제공한다면 후회는 없을 것이다.

거절할 줄 아는 것도 힘이다

5

자기 사업에 이익을 더하고 싶으면 "No"라고 말하는 법을 배워라. 거절하는 것은 쉽지 않다. 그렇기에 그토록 많은 사람들이 "안 되겠습니다"라고 말해야 하는 상황에서 "그럴지도 모르겠습니다"라고 말하는 것이다. "No"라고 말하는 법을 배워라. 기대하지 않았던 자유와 힘을 얻을 것이다. "No"라는 말은 또한 당신이 다른 사람의 것이 아닌 자기 자신의 목표에 집중할 수 있게 해주기 때문에 더 많은 이익을 가져다줄 것이다.

자 또 한번 현실을 직시하자. 고객에게 '안 돼요' 라는 말은 무척, 하기 힘들다. 사업을 시작하고 처음 5년 동안, 섭외가 들어온 모든 잠재 고객과 거래하려는 것은 잘못된 생각이라는 이야기를 읽은 적이 있었다. 이러한 명제를 내가 충분히 이해하게 된 것은 내 사업에서 처음 이윤이 발생한 바로 그날이었다. 그날은 바로 내가 고객에게 "No"라고 말하는 법을 익힌 날이기도 했다.

이 "No"라는 말은 어떤 고객과 아예 일을 시작하지 못하겠다고 선언하는 것일 수도 있고, 지금 당장은 그 고객의 프로젝트를 수행할 시간이 없다는 것을 고객에게 알리는 말이 될 수도 있다. 그것도 아니면, 이익이 안 되는 고객과의 거래를 거절하고 앞으로도 그들과는 거래하지 않겠다는 말일 수도 있다. 고객은 본질적으로 모두 수입원이 될 수 있기 때문에 "No"라고 말하는 일은 쉽지 않다. 게다가 대체 수입원에 대해 "No"라고 말할 이유가 무엇이겠는가?

이 고객은 '수입원'인가, 아니면 돈만 잡아먹는가?

어떤 고객들은 겉으로는 '수입원'으로 보일지 모르지만 사실은 '비용발생원'일 수 있다. 고객은 수입이 되는 대금을 지불하는 사람인데 어떻게 비용이 될 수 있는지 의아할 것이다. 하지만 거래 전, 거래 중, 거래 후에 걸쳐 고객이 당신에게 얼마만큼의 비용을 부담시키는지 평가해본 적이 있는가? 나는 그것을 평가해보기로 했다.

고객과 거래를 하다 보면 사무용 집기와 물품 같은 고정비용이 늘 들어가지만 실제로 고객에게 비용이 드는 경우는 사업상 고객과 함께 보내는 때이다. 여기에는 고객과의 미팅에서 보내는 시간뿐 아니라 고객에 대해, 프로젝트에 대해 생각하느라 보내는 시간, 그리고 고객의 행동에 반응하느라 정서적으로 소모하게 되는 만만치 않은 양의 시간이 포함된다.

사업상의 미팅에서 아주 기본적인 사례를 찾아보자. 일례로, 들인 시간만큼 이익이 되지 않는 고객이 있다. 고객을 섭외하는 데 든 시간 외에, 그러한 상황이 섭외를 진행하는 사람의 에너지를 얼마나 많이 앗아가겠는가? 이익이 되지 않는 고객에 대한 좌절감을 겪느라 또 얼마나 많은 시간을 보내겠는가? 이렇듯 좌절감을 발산하면서 보내는 시간을 더 많은 거래를 추진하는 데 쓴다면 얼마나 많은 것을 이룰 수 있을까? 이러한 시간들을 모두 더한 것이 얼마나 되는지 알면 분명 놀랄 것이다.

이번에는 까다로운 고객에 대해 생각해보자. 무엇이든 처음 한 번으로 결코 만족하지 않고 두세 번에 걸쳐 처음부터 다시 시작하게 하는 고객이 있다. 또 당신의 속을 긁어 거래할 때마다 짜증나게 하는 고객이 있다. 다시 한 번 말하지만, 이 고객과 보낸 시간 외에도 이러한 짜증이 다른 고객과의 거래에 얼마나 방해가 되겠는가? 당신의 효율성은 또한 얼마나 저해되겠는가? 이 성가신 고객을 대하고 생각하는 것 때문에 개인적인 시간은 또 얼마나 소모되겠는가? 장담하건데, 이 모든 것은 생각보다 훨씬 유해하다.

왜 짜증나는 고객과 거래하는가?

왜 이런 고객들과 거래하는가? 답은 간단하다. 우리는 돈을 원하고, 이 고객들은 우리에게 돈을 지불하기 때문이다. 우리가 얼마나 많은 장애물을 뛰어넘어야 하는지는 중요하지 않다. 짜증에 파묻혀 산다 해도 상관없고, 자기 시간을 더 많이 들이게 되어도 괜찮다. 우리는 돈을 원할 뿐이고, 그들은 우리에게 돈을 지불하는 고객이기 때문이다.

바로 이런 이유 때문에 나는 시간적으로 진을 빼게 만드는 고객과 거래한 적이 있다. 그녀는 언제나 내 아이디어를 좋아했고, 나는 인간적으로 그녀를 좋아했다. 하지만 프로젝트를 진행할 때면 그녀는 첫 번째 결과물에 만족하는 법이 없었다. 첫 번째도 두 번째도 좋아하지 않았고 세 번째도 그저 그렇다고 치부하곤 했다. 고객이 첫 번째 결과물을 마음에 들어 하지 않거나 세부적으로 수정하고 싶어할 수 있다는 것은 이해하지만, 그녀는 상습적이었다. 그녀는 자신이 정말로 원하는 것이 무엇인지도 모를 뿐더러, 프로젝트의 완성에 방해가 될 지경으로 세세하게 조정하려 들었다. 그리고는 내가 보기에 이제 됐다 싶을 때면 자기가 앞서 승인했던 프로젝트의 일부분을 혹평하기 시작했다. 그녀는 자기 사업도 마찬가지 방식으로 운영하고 있었고 그러는 와중에 수많은 저항을 받고 있었으니, 그녀 자신에게도 안된 일이었다.

그녀와 진행한 프로젝트에는 예상했던 것 이상의 시간이 들었고, 나는 그에 대한 보상도 받지 못했다. 처음에는 그녀의 회사에서 상근 이사로 일을 시작했지만, 배울 것이라곤 없는 그 회사의 시스템에서 빠져나온 이후로는 프로젝트 중심으로만 거래했다. 프로젝트를 수주하면 나는 그녀가 세부조정을 하는 데 들 예상 시간을 추가하여 작업했다. 하지만 그렇게 하더라도 그녀를 결코 만족시킬 수 없다는 데에서 오는 좌절감을 극복할 수는 없었다. 게다가 마지막 프로젝트 때 그녀는 대금 지불을 늦췄을 뿐 아니라 지불하지 않으려고까지 했다. 또한 그녀는 몇 가지 문제를 내 탓으로 돌리려고 프로젝트에 관련된 대리점주들에게 나 몰래 질문을 했다. 그 문제들이 내 탓인지 그들 탓인지 물었던 것이다. 다행히도 그들은 정직한 사람들이었기 때문에 내가 아니라 자신들에게 책임이 있다는 것을 증명해주었다.

그 후 나는 그녀가 다른 업주들과 일하면서도 종종 말다툼을 벌이며, 돈을 지불하지 않은 경우도 있다는 것을 알게 되었다. 내가 똑같은 일을 당하게 되는 것은 시간문제였다. 그녀와 거래하면서 돈을 한 푼도 받지 못할지 모른다는 생각에 가슴앓이를 하면서 보내는 시간은 물론이고, 그녀 때문에 추가작업을 하느라 무보수로 일하는 시간을 마무리 짓기 위해 나는 결국 "No"라고 말할 수 있게 되었다.

"No"라고 말하는 것은
고통스러운 일이다

"No"라고 말하는 것은 어려운 일이다. 그것은 내 본성에 맞지 않는 일이다. 사실, "No"라고 말하는 것은 고통스러울 정도다. 그것이 돈을 버는 일일 경우에는 특히 그러하다. 하지만 앞서 말한 그 고객에게는 정당한 대가를 받지 못하게 되는 바람에 처음으로 "안 되겠군요"라고 말할 수 있었다. 나는 그녀와 함께 일하면서 얼마나 많은 시간과 에너지가 내 사업으로부터 새어나갔는지 평가했으며, 그녀와 일하지 않았다면 돈도 더 많이 벌고 더욱 즐거운 인생을 살 수 있었으리라는 것을 깨달았다. 그래서 다시는 그녀와 거래하지 않기로 결심했다. "안 되겠습니다"라는 거절의 위력을 깨달은 것이다.

"No"라는 말 속에는 자유로움이 깃들어 있다. 이 말은 자신의 시간과 에너지에 대한 지배력을 갖게 해준다. 이익이 남지 않을 거래를 하기 전의 적절한 시기에 이 말을 한다면 오히려 돈을 벌게 해주는 위력을 발휘할 것이다.

이와 같은 경험 이후 나는 거절할 일은 좀더 일찌감치, 가능하면 문제점이 발견된 고객과 일하기 전이나 일을 시작한 초기단계에 거절하기로 결심했다.

내가 거래를 거절한 첫 번째 고객은 잠재력은 엄청났지만 자기 작품을 좀더 신속하게 마케팅했더라면 더 많은 돈을 벌었을지 모를 예술가였다. 처음 만났을 때부터 분위기는 아주 친밀했으며, 나는 무료 서비스를 자제한다는 원칙을 깨고 몇 가지 아이디어를 내놓았고, 그는 그 아이디어들을 모두 마음에 들어 했다. 우리는 두 번째 미팅 날짜를 정하지 않고 자리를 마무리했으며, 일주일 내로 내가 그에게 전화를 해서 다음 약속날짜를 정하기로 했다. 그런데 내가 그에게 전화를 걸기도 전에, 그가 내게 먼저, 그것도 몇 번이나 전화를 했다. 나는 커다란 프로젝트 하나를 마무리하느라 무척 바쁜 상황이었으며, 온통 그 일에 빠져 있었다. 그는 약속을 정하자며 내 핸드폰으로 분별없이 전화를 해댔다. 그가 자기 작품의 마케팅을 어서 진행하고 싶어 안달이 났던 거라고 생각할 수도 있고, 그게 사실이기도 하지만, 그 사람의 어조와 전화를 거는 데서 나타나는 불안정한 행동양식은 "비상, 비상! 이 사람은 문제 있는 고객이다!"라며 나의 본능적인 경계심을 일깨웠다.

그와 약속을 정해서 만난 자리에서 나는 함께 일하기 힘들겠다고 말했다. "안 되겠습니다"라고 말한 것이다. 그렇게 말하는 것은 정말 이지 힘들었다. 왜 안 되는지 설명하기도 어려웠다. 상대하기 까다로 웠던 다른 고객들과 일한 경험에서 얻은 본능적인 감정을 설명하는 것이 무엇보다도 어려웠다. 그러한 경험에서 얻은 교훈을 처음 거래 를 타진하는 고객에게 적용하는 것이었으니 말이다. 그는 물론 기분 이 조금 상한 듯했다. 앞서 말했듯이 나라는 사람에게는 거절한다는 것은 너무나 고통스러운 일이다. 그 후 나는 몇 시간 동안 속이 편치 않았으며, 며칠간 죄책감에 시달려야 했다. 그럼에도 불구하고 나는 내가 옳은 일을 했다고 확신한다.

최근에는 어느 단체에서 내게 행사 하나를 기획하고 스폰서들을 모집해줄 것을 의뢰했다. 그 단체를 운영하는 사람과 첫 미팅을 갖고 나서 나는 스폰서를 모집하는 일을 하기로 했다. 당시 나는 그 사람하 고만 일을 처리할 것이며 그가 모든 결정을 다 내리겠지, 하고 생각했 다. 아니, 그렇게 추측했다고 하는 편이 옳을 것이다. 돌이켜보면 나 는 의사결정을 하는 데 있어 잠재적인 문제들이 있을지도 모른다는 사실을 경계했어야 했다. 첫 만남 이후로 거듭되는 미팅마다 그 사람 과 함께 다른 사람 몇 명이 나타났으며, 그들 모두가 의사결정 과정에 끼어들려고 했다.

프로젝트를 시작한 지 6주가 지날 무렵, 나는 내가 원칙을 깨고 '위 원회(한 가지 프로젝트에서 의사결정을 하는 사람이 여러 명인 경우,

그 의사결정자들의 모임을 편의상 위원회라 부르도록 한다)와 거래하고 있음을 깨달았다. 그 위원회는 우리가 애초에 정해놓았던 기본 원칙들마저 바꾸고 있었으며, 위원들 각자가 내 모든 행동에 대해 계속 보고 받기를 원했다. 내가 스폰서와의 거래 건을 놓고 협상하고 있을 때에도 모든 위원들이 의견을 제시하려고 했다. 한 사람이 계약조건에 동의할라치면 다른 사람이 다른 견해를 제시하는 바람에 계약 가능성 있던 스폰서와 조건을 확정하기가 몹시 어려웠다. 내가 받게 될 돈은 확정된 스폰서에 따라 수수료로 받는 것이었다. 그러나 위원회의 소행 탓에 스폰서를 유치하는 것이 예상보다 훨씬 힘들어졌다. 가면 갈수록 스폰서를 유치할 수 있는 가능성은 희박해지는 것 같았다. 어쩌면 하나도 유치하지 못할 것 같기도 했다. 그리고 나는 돌아올 것이 거의 없는 일에 시간만 들이고 있음을 깨달았다.

"No"라고 말하는
법을 배워라

나는 용기를 내어 그 위원회를 만나서 프로젝트에서 손을 떼겠다고 이야기했다. 그렇게 이야기하는 것은 물론 쉽지 않았다. 설명하기 어려웠지만 나는 사실을 이야기했다. 그들에게 '위원회'와는 거래하지 않는 것이 나의 원칙이며, 처음 그 프로젝트에 착수할 때에는 일이 그런 식으로 진행될 줄은 몰랐다고 말했다. 그리고 당신들 스스로가 무엇을 원하는지 인식하고 있다면, 직접 그 프로그램을 실행하는 것이 가장 현명한 길일 거라고 말해주었다. 그 미팅을 끝내고 내가 느낀 자유는 짜릿했다. "No"라고 말함으로써 나는 보상 가능성이 점점 희박해지는 프로젝트에 시간을 쏟아 붓는 대신, 더욱 이익이 남을 일에 투자할 수 있을 시간과 에너지를 얻었다.

자기 사업에 이익을 더하고 싶으면 "No"라고 말하는 법을 배워라. 거절하는 것은 쉽지 않다. 그렇기에 그토록 많은 사람들이 "안 되겠 습니다"라고 말해야 하는 상황에서 "그럴지도 모르겠습니다"라고 말하는 것이다. "No"라고 말하는 법을 배워라. 기대하지 않았던 자 유와 힘을 얻을 것이다. "No"라는 말은 또한 당신이 다른 사람의 것 이 아닌 자기 자신의 목표에 집중할 수 있게 해주기 때문에 더 많은 이익을 가져다줄 것이다.

가격, 내리기는
쉽지만 올리기는
어렵다

6

자기가 한 서비스에 대해 가격을 낮게 책정하면 자기 사업체와 자신이 손해를 입을 뿐 아니라 고객 또한 피해자가 된다. 왜일까? 가격을 낮게 책정하면 무기력에 빠져 고객을 충분히 만족시키지 못하게 된다. 원하는 만큼의 수입을 얻지 못하고 현금 흐름이 원활하지 않기 때문에 사업체는 약해질 것이다. 최악의 경우 저가정책은 사업체를 도산에 이르게 할 수도 있다. 부실하거나 파산한 기업은 당신이나 고객, 누구에게도 아무런 도움이 되지 못한다.

얼마면 너무 비싼 것이고, 얼마 정도면 너무 싼 것일까? 우리들 대부분은 거래처에 너무 적은 돈을 청구한다. 왜냐고? 거래를 성사시키지 못할지 모른다는 두려움 때문이다. 스스로에게 "내가 이번 거래를 성사시키지 못하면 일어날 수 있는 최악의 일은 뭘까?" 하고 물어보라. 그 대답은 어떤 점에서든 사업수익에 있어서의 어려움과 연관될 것이다. 자신의 사업이 수익을 내기가 어렵다면 대체 누가 고생하겠는가? 직원들이 고생할 수도 있겠지만, 궁극적으로는 당신 자신 아닌가? 당신이야말로 누구보다도 고통을 겪을 위치에 있다. 거래를 성사시키지 못하면 궁극적으로 고통 받을 사람은 바로 당신인 것이다. 이것이 우리가 가격 때문에 사업 기회를 놓치지는 않을까 하는 두려움 속에 살고 있는 이유이며, 너무 싸게 견적을 내는 이유이다.

그러나 계속해서 노력에 비해 적은 대가를 받는다면 그 결과는 어떻게 될까? 사업은 계속 굴러갈지 몰라도, 사업을 겨우 유지할 수 있는 기준에도 못 미치는 수준에 머물러 있게 될 것이다. 그리고 그러한 수준에 머무른다면 결국 스스로를 깎아내리고 소진시키게 될 것이다. 바로 이것이 영세업자들 중 60%가 사업을 시작한 지 10년 이내에 사업에 실패하는 주된 이유이다. 자영업자들은 지쳐버린다. 겨우 그만큼 벌기 위해서 그토록 많은 것을 쏟아부어야 한다는 사실에 지치고, 자신의 전문성에 합당한 수준에 미치지 못한다는 사실에 지친다. 처음 사업에 뛰어들었던 동기와 의욕은 가물가물해지고, 자신의 노력은 쳇바퀴 도는 다람쥐처럼 부질없이 느껴진다.

안됐지만 그런 사람들은 스스로를 우리에 가두고 쳇바퀴에 오른다. 마케팅 컨설턴트인 나는 고객이 사업을 증진시키려 할 때 제일 먼저 취하는 행동으로 할인 판매를 하거나 어떤 식으로든 가격을 낮추려고 하는 것을 보아왔다. 하지만 아직까지 나는 고객들이 물건을 사는 데 있어 첫 번째 이유가 가격임을 증명해주는 조사결과를 단 한 번도 보지 못했다. 대개 가격은 구매요인 중 네 번째 정도에 해당한다. 그렇다면 왜 사업가들은 그렇게 가격을 내리고 싶어 안달을 하는가? 그것은 다름 아니라 상품이나 서비스의 가격을 책정할 때 철저하게 끝까지 고민하지 않은 까닭이다.

가격은 무엇으로
이루어져 있는가?

사업가의 입장에서 출발해보자. 우선, 서비스에 제공되는 상품이나 자재에는 고정비용이 들어간다. 이 비용에는 상품이나 자재가 구매고객에게 전달되기까지의 화물운임, 세금, 운송비, 기타 부가적인 현금지불 비용이 포함된다. 다음으로 피고용인에게든 경영주에게든 지불되는 임금인 노동비용이 있다. 간접비용도 고려해야 하며, 마지막으로 이윤을 추가해야 한다. 이렇게 해서 대부분의 사업체들은 가격을 결정한다.

하지만 그들은 아주 중요한 것을 망각하고 있다. 바로 그런 상품이나 서비스가 잠재적인 구매자에게 어떤 가치를 갖는가 하는 점이다.

고객의 입장에서
가격을 책정하라

고객의 입장에서 가격을 설정해보자. 고객은 오로지 한 가지에만 관심이 있다. 이 상품은 내게 가치 있는 상품인가? 이 상품이나 서비스는 내게 무엇을 해주는가? 내가 좀더 편하게 살 수 있게 해주는가? 내 돈을 아껴주는가? 시간을 좀더 효율적으로 쓰게 하거나 더 많은 수입을 올리게 해주는가?

당신 회사와 거래한 고객이 최종적으로 얻는 것은 무엇인가? 이에 대해 끝까지 고민해보라. 위의 질문들에 대해 명확하게 답할 수 없다면 우수 고객 다섯 명을 모아 놓고 물어보라. 우선 거래해주셔서 감사하다고 인사한 다음, 구매고객들에게도 좀더 나은 서비스를 하기 위해 우리 회사와 거래하면서 좋았던 점이 무엇인지 알고 싶다고 물어보라. 그들이 뭐라고 대답할 것 같은가? 그들이 어떻게 느끼리라고 생각하는가?

당신이 의견을 물으면 그들은 우쭐할 것이며, 왜 당신과 거래하는지 정확하게 이야기해줄 것이다. 그리고 당신이 의견을 구하며 관심을 보인 덕에 그들과의 거래 관계는 한층 더 강력하게 구축될 것이다.

무엇보다 중요한 것은, 구매고객이 당신 회사와 거래하고 나서 최종적으로 얻는 것이 무엇인지를 당신이 알게 되리라는 점이다. 고객이 당신의 신속함에 대해 만족했는가, 아니면 신뢰성에 대해 높이 평가했는가? 혹은 믿을 수 있다는 점을 인정했는가?

건축 및 주택 개·보수 사업은 거래 요청에 대한 느린 응답과 지지부진한 프로젝트 진행, 그리고 때로는 늦은 프로젝트 완성 등으로 악명이 높다. 최근 사업가들을 대상으로 마케팅 수업을 했을 때, 건축 분야에 종사하는 수강생 한 명이 구매고객이 첫 번째로 고려하는 요인은 가격이 아니라는 나의 주장에 정면으로 반박해왔다. 그는 이렇게 말했다. "건축 업계에서는 최저가로 입찰하면 항상 수주를 하게 된다고요."

나는 그에게 하청업체가 어떤 곳이든 간에 무조건 최저가로 입찰한 곳을 받아들이겠느냐고, 그러니까, 일처리가 엉망인 것으로 소문난 하청업체의 입찰이라도 고려해보겠냐고 되물었다. "아니오…….

받아들이지 않겠죠." 그가 대답했다. 결국 그에게 있어서도 가격은 첫 번째 고려대상이 아니었다.

가격이 첫 번째 고려대상이 아니라면 집주인들이 원하는 것은 무엇일까? 그들은 우선 작업이 제대로 이루어지기를 바라고, 신속하게 진행 상황에 신경을 써주기를 바란다. 그리고 작업이 진행되는 동안 일의 진척 상황에 대해 알 수 있기를 원하고, 작업이 끝난 후에는 뒷정리를 깨끗하게 해주기를 원한다. 물론 가격도 적절했으면 한다. 대부분의 집주인들은 작업을 제대로 하고, 신속하고 정기적으로 주인과 의사를 교환하며, 작업 후에는 청소까지 말끔히 해주는 회사에게는 돈을 좀더 낼 수도 있다고 할 것이다.

그럼 집주인들이 구매하는 것은 무엇인가? 그들은 자기들이 편안해하고 자랑스럽게 여길 수 있는 '집'에 대해 돈을 내는 것이다. '가격'을 사는 것이 아니란 말이다.

당신이 회계사원을 고용하려 한다고 할 때, 임금이 첫 번째 고려대상일까? 아니다. 첫 번째로 고려할 것은 그 사람이 그 일을 할 수 있는가이다. 과연 돈을 절약하는 데 도움이 될까? 정부에 세무 신고를 하는 데 도움이 될까? 당신이 바라는 지식과 경험을 갖추고 있는가? 제대로 일하고 일처리도 말끔하게 할 수 있을까?

그 직원이 전문지식과 경험이 있다는 것이 당신에게 얼마만큼 중요한가? 그들이 일을 제대로 하는 것은 또 얼마나 중요한가? 정부에 대한 법적 의무를 다하는 일은 얼마나 가치 있는 일인가? 아마도 무척이나 중요한 일들일 것이다.

자신이 뭘 하고 있는지도 모르는 경리나 회계직원이라면 많은 임금을 줄 이유가 없다. 국세청과의 사이에 생기는 문제를 피하는 것이 왜 중요할까? 수입과 지출을 정확하게 기록하는 것에는 어떤 가치가 있으며, 현금흐름에 대해 확실하게 파악해야 하는 것은 무슨 이유에서일까? 이 모든 것 역시 대단히 가치 있는 일들이기 때문이다.

누군가는 이렇게 말할지도 모른다. "그런 것들은 서비스 산업에 해당하는 예일 뿐이죠. 서비스 업계에서는 차별화를 통해 가격을 책정하는 것이 쉽지만 상품들은 가격에 민감합니다." 그렇다. 상품들은 품질이 균일하기 때문에 서비스 산업에서보다 상호 비교가 쉽다. 하지만 상품을 구매하는 과정에서 고객들이 경험하는 것은 그 상품 자체보다 더 중요하다. 그 상품을 판매하는 회사와의 거래가 편안한가? 직원들의 태도는 깍듯한가? 서비스는 즉각적으로 제공되는가? 환불정책은 어떤가? 고객의 만족에 대해서 얼마나 진정으로 신경 쓰고 있는가?

당신이라면 거래하기 편하고 만족스런 구매를 하게 해주는 회사의 상품에 대해 더 높은 값을 치르겠는가? 몇 번이고 그럴 것이다. 자신을 푸대접한 사람에게서 어떤 상품을 사고 나서 문제가 생기면 그 이후로는 물건을 사기 전에 회사의 평판을 고려하게 될 것이다. 자신이 구입하는 것은 상품의 '가격'이 아니라 그 상품이나 서비스가 자신에게 해주는 그 '무엇'이라는 것을 깨닫기 때문이다.

사업을 시작했을 무렵, 서비스에 대한 가격 책정은 내게 있어 일종의 미스터리였다. 어디서부터 시작해야 할지 알 수 없었다. 그러나 내가 원하지 않는 것이 무엇인지는 알았다. 나는 내가 들인 시간에 따라 보수를 받고 싶지는 않았다. 그렇게 하면 고객들은 의문을 품고 의아해할 것이다. "시간이 얼마나 걸릴까? 이 시간들이 전부 걸린다는 걸까, 아니면 그중 일부만 걸리는 것을 전체 시간으로 치는 걸까?" 시간제 보수에 대한 이런 의문에서부터 고객과의 사이에 불신이 싹틀 수도 있다. 게다가 시간제로 하는 일은 질질 끌려가면서 시간을 낭비하게 될 수 있다. 나처럼 1인 사업자의 경우에 이런 시간낭비는 중요한 문제가 된다. 무엇보다 나는 일을 그렇게 하고 싶지 않았다.

내 일에 대한 적정가격을 책정하는 또 다른 방법은 광고 에이전시의 전형적인 가격 책정방법인 수수료 기준 방식이었다. 광고 에이전시는 광고를 유치한 미디어 점유분에 대해 일정 비율, 즉 15~20퍼센트의 금액을 받는다. 나는 광고 에이전시가 아니라 마케팅 컨설턴트였기 때문에 이 방식을 그대로 적용할 수는 없었다.

사업을 시작하기 전에 예상 고객들에게 물어본 결과, 나는 그들이 의뢰한 작업에 드는 비용을 있는 그대로 알고 싶어한다는 것을 알았다. 나중에 가서 놀라기 싫다는 것이다. 따라서 나는 고객들에게 어떤 프로젝트에 얼마만큼 돈이 들 것인지 솔직하게 견적을 제시하고 그 견적을 초과하지 않기로 마음먹었다. 첫 5년 동안은 항상 견적가대로, 혹은 그보다 적게 청구했다. 프로젝트에 예상했던 만큼 시간이 소요되지 않으면 견적가보다 적게 청구할 수 있었던 것이다.

그렇다면 나는 어떻게 견적을 냈을까?

나는 작업에 소요되리라 예상한 시간 수에 시간당 받고 싶은 금액을 곱해서 계산을 했다. 사업을 시작한 첫해에는 많은 것을 배워가며 일했기 때문에 예상보다 시간이 더 들기도 했다. 하지만 나는 추가로 소요된 시간에 대해 고객에게 얘기하지도, 추가 보수를 요구하지도 않았다. 나의 배움으로 인한 비용을 고객에게 부담시키는 것은 옳지 않다고 생각했기 때문이다. 나는 항상 견적가를 지키려고 했으며 견적가와 실제 가격의 차액은 내가 감수했다.

그런데 되돌아보니 그것이 바로 실수였다.

기업윤리 측면에서는 전체 비용을 고객에게 떠넘기지 않은 것이 정당하다고 하겠으나, 사업의 안정성과 내 자신의 정신건강에는 피해막심이었다. 한 프로젝트에 들인 전체 시간에 대한 대가를 받지 못한 사실에 대해 스스로 만들어낸 스트레스와 걱정은 나를 거의 밑바닥까지 소모시켰다. 그리고 그 때문에 다른 프로젝트를 더 맡지 못해서 수입의 손실이 생기기까지 했다. 이 모든 복합된 스트레스와 시간 부족은 나를 갉아먹었고 내 사업을 곤경으로 몰고 갔다. 할 수도 있었는데 시간이 부족해서 추진하지 못한 건이 얼마나 많았는지는 계산해볼 엄두도 나지 않는다.

내가 저가정책을 취한 방법은 그뿐이 아니었다. 때로 견적을 산출하고 나서 거래처를 떠올려보면 "이만큼은 안 주겠지" 하는 생각이 들었다. 결국 나는 스스로 견적가를 낮추곤 했다.

자기 발등을 찍는다는 것, 구매자 입장에서의 가격 책정을 고려하지 않는 것, 그리고 내 자신과 내 사업을 쇠약의 지름길로 직행하게 하는 것이 어떤 것인지는 바로 나의 경우에서 볼 수 있다.

사업을 시작하고 한동안은 내가 제공하는 서비스의 가격을 책정한다는 개념 자체가 거북했다. 그리고 고객에게 가격을 제시하는 것이 영 마음이 편치 않았다. 내가 한 일에 대해 청구하는 것임에도 그랬다.

한 가지 재미있는 사실은, 그 기간 내내 나는 고객들로부터 어떠한 가격저항도 받지 않았다는 것이다. 여기에 이유가 있을 것 같지 않은가? 그렇다. 그들은 돈을 더 지불할 수 있었던 게 틀림없다.

그럼 나는 어떻게 내가 실수하고 있음을 깨닫고 가격정책을 변경하게 되었을까?

전문지식과 기술에 대해 자신감이 생기자, 망해가는 사업가들이 똑같은 불평을 하는 것이 내 귀에 들어오기 시작했다. "우리는 충분한 대가를 받지 못해. 피곤해 죽겠어. 고객들이 얼마나 짠지 말이야." 나는 점점 더 가격 책정에 흥미를 느꼈다. 나는 모든 사업가들이 거래를 제안할 때면 항상 가격을 먼저 제시하는 것에 주목했다. 거기에 무슨 연관성이 있는 것일까? 그렇다. 우리는 고객의 입장에서 가격을 책정하지 않았던 것이다. 고객들이 상품이나 서비스에 대해서 얼마를 지불하겠는가? 그건 아무도 모른다. 왜냐하면 나를 비롯해서 그 누구도, 단 한 번도 고객에게 물어본 적이 없기 때문이다.

가격 책정의 문제점은
나에게 있다

그간의 일을 되돌아보고 나는 내 서비스에 대해 나보다 고객이 더 높이 평가하고 있음을 깨달았다. 즉 고객은 내가 행한 서비스에 대해 내가 요구한 금액보다 더 지불할 수도 있었던 것이다. 고객은 자신이 유리한 거래를 한다고 생각했을 것이다. 내가 그들에게 제시한 금액은 그들이 예상한 금액보다 낮았던 것이 분명하다.

결국, 내 가격 책정의 문제점은 고객에서 기인한 게 아니라 바로 나 자신으로 인한 것이었다. 문제점이 자리한 곳은 내 머리와 마음속이었다.

나는 우선 마음속에서부터 내 서비스의 가치를 상향조정하기 시작했다. 그리고 걸음마 하듯 가격을 서서히 올렸다. 간혹 어떤 거래처는 가격저항을 하고 나와 거래를 중지하였다. 그러나 그건 상당히 멋진 일이었다. 그렇다고 내가 피학증 환자라거나 고객을 외면하려고 했다고는 생각지 않았으면 한다. 내가 깨달은 것은, 기력 소모를 피하기 위해서라도 모든 거래처와 다 일할 수는 없다는 것이었다. 하루 중 일할 수 있는 시간과 내가 사용할 수 있는 에너지의 양에는 한계가 있다. 그에 따라 거래하는 고객의 수도 제한해야 한다.

모든 고객과
거래할 수는 없다

나는 모든 고객과 거래할 수는 없다는 것을 배웠다. '이익이 남지 않는' 고객과는 일하지 않는 법을 배운 것이다. 그럼 누가 '이익이 남지 않는' 고객인가? 당신에게 적은 돈을 내면서도 최대한의 일을 해주기를 원하는 사람이 바로 그런 고객이다. 그런 사람들은 내가 '자기가 낼 돈의 값어치를 하는지' 확인하고 싶어한다.

상근이사로서 일할 경우가 특히 문제다. 작업량을 명시하지 않은 채 일정 금액을 받고 일정 기간 동안 일하는 경우라면 이익이 남지 않을 것이 뻔한 조건으로 일하는 것이다. 내 자신이 그런 방식으로 상근이사로서 일해보았기 때문에 잘 안다. 돌아보면 정말 멍청한 일이었지만, 당시에는 지속적인 수입을 유지하기 위해서 상근이사로 일을 했다. 매달 내 계좌로 일정한 금액이 입금된다는 사실에 안전과 편안함을 느끼면서 그 돈에 의지할 수 있었다. 물론 이 돈은 다른 돈들과 마찬가지로 금세 소진될 돈이었지만, 나는 그렇게 생각하지 않았다. 상근이사 일을 하고 번 돈은 굳이 찾아다닐 필요가 없는 돈이었다. 그 돈은 내가 애써 찾아낸 돈이 아니라 이미 거기 있던 돈인 듯 보였다.

그러나 상근이사로 일하다 보니 다른 거래를 할 수가 없었다. 나는 내가 상근이사로 일해주는 고객과 더 많은 시간을 보내야 했고, 고객은 계약할 때 기대했던 것보다 더 많은 값어치를 하길 바랐기 때문이다. 따라서 나의 시간당 수수료는 점점 낮아졌다. 상근이사 고객에게 '무료봉사' 하는 시간을 더 할애하다 보니 다른 고객을 찾을 수가 없었다. 상근이사 고객에게 너무 많은 시간을 할애하게 된 것이다. 결과적으로 내 시간 및 서비스의 가치는 상근이사 고객에게만이 아니라 다른 거래에서도 전반적으로 저하되었다. 당시 나는 돈을 벌어들이기 위해서라면 내 서비스를 필요로 하는 모든 사람과 거래하고 있었다.

그러나 누구하고든 거래할 수 있도록 서비스 가격을 낮춘다면 나 스스로를 소진시킬 뿐 아니라 이익도 남지 않는다는 것을 깨닫기 시작했다. 구매를 결정하는 데 있어 가격이 최우선의 고려대상이 아니라고 해도 고객이 지불하려는 돈에는 한계가 있는 법이다. 이런 한계는 고객이 내 모든 서비스를 사용하는 데 제한요인이 될 수 있다. 그렇다면, 그런 고객과는 거래를 하지 않거나 혹은 더 적은 서비스를 수행하면 된다. 그들의 예산에 맞춰 가격을 책정하고 모든 서비스를 다 해준다면 나 자신과 내 사업에 해가 될 뿐이다.

동시에 나는 고객들이 내 서비스에 대해 기꺼이 좀더 많은 돈을 지불하려 한다는 것을 알게 되었다. 그들의 입장에서 보면 내가 한 일은 그들의 좌절감을 덜어주고 시간과 돈을 절약해줄 뿐 아니라 더 나아가 그들에게 이익을 가져다주는 일이었다. 그것이 그들에게 얼마만큼의 가치가 있을까? 내가 그들에게 청구한 금액 이상이었음이 틀림없다.

가격을 낮추면
고객에게도 손해다

자신의 서비스에 대해 가격을 낮게 책정하면 자기 사업체와 자신이 손해를 입을 뿐 아니라 고객 또한 피해자가 된다. 왜일까?

가격을 낮게 책정하면 무기력에 빠져 고객을 충분히 만족시키지 못하게 된다. 원하는 만큼의 수입을 얻지 못하고 현금 흐름이 원활하지 않기 때문에 사업체는 약해질 것이다. 최악의 경우 저가정책은 사업체를 도산에 이르게 할 수도 있다. 부실하거나 파산한 기업은 당신이나 고객, 누구에게도 아무런 도움이 되지 못한다. 이유야 어찌 됐건 고객이 더 이상 당신의 서비스를 이용할 수 없다면 기껏 저가로 책정해놓은 당신의 서비스는 아무 의미가 없다.

내 사업체가 더 이상 서비스를 수행하지 못한다면 고객은 다른 회사를 찾아 나서야 할 것이다. 그러면 고객은 자신이 원하는 방식대로 일하도록 새 회사를 길들여야 한다. 그렇게 되면 고객은 시간과 돈 둘 모두에서 손해를 보게 된다. 고객으로서는 당신에게 돈을 적게 주었다가 나중에 당신 회사의 서비스를 더 이상 사용할 수 없게 되어 다른 회사를 찾는 것보다는, 당신에게 좀더 많은 돈을 주고서라도 거래를 계속하는 편이 훨씬 쉬울 것이고 훨씬 이득일 것이다.

자신과 고객의 사업 양쪽 모두에게 이익이 되는 방향으로 일을 하라. 가격 책정에 관해 내가 저질렀던 실수로부터 배울 점이 있을 것이다. 사업의 번영을 보장받으려면 고객의 입장에서 상품과 서비스의 가격을 정하라. 가격을 정하기 전에 '고객의 입장'이란 어떤 것인지 조사해보고, 처음부터 제대로 가격을 정하라. 혹시 고객의 예산이 당신이 제시한 것을 감당하지 못한다면 작업의 범위를 줄이되 맡은 작업의 범위 안에서 최선을 다해 진행하라.

조금 덜 일하는 방식으로 가격을 내릴 수는 있지만 가격을 다시 올릴 수는 없다는 사실을 기억하라. 더 높은 가격을 제시하려면 고객에게 그 가격을 정당화시킬 수 있어야 한다. 당신이 원한다고 해서 고객이 더 많은 돈을 내지는 않는다. 따라서 처음부터 자신의 결산서에 이익을 남길 수 있는 가격을 책정하라. 상품과 서비스의 가격을 낮게 책정해서 스스로를 소진시키지 마라. 처음부터 이익을 보장해주는 가격을 설정하면 당신과 고객 모두에게 기쁨이 될 것이다.

계약서 없이는 거래를 시작하지 마라

7

생각해보라. 자신과 서면으로 계약한 문서를 갖고 있는 사람과 구두로 계약한 사람 중 누구를 더 존중하겠는가? 누가 더 전문가답게 보이겠으며 누가 더 인정받는 사람처럼 보이겠는가? 누구하고 일할 때 계약조건들을 더 준수할 것 같은가?

사업을 시작했을 때, 나는 사람의 '말' 이야말로 확고한 거래 기반이라고 생각했다. 그래서 고객에게 계약서에 서명하라고 요구하는 것은 무례한 짓이라고 여겼다. 그것이 고객의 정직성에 의심이라도 품는 일인 것처럼 생각되었다. 하지만 몇 가지 경험을 통해 그렇지 않다는 것을 배웠다.

계약서는 작업을
명확히 규정해준다

얼마 지나지 않아 나는 고객이 구두로 거래에 동의했더라도 계약서를 쓰지 않으면 계약조건이 모호해져서 언젠가는 문제가 발생할 소지가 있음을 알게 되었다.

대금 지급, 계약의 해지 등 중요한 법적 사항들은 계약조건에 따라 적용된다. 또한 작업은 어떤 내용으로 이루어지는가, 무엇을 하고 무엇을 하지 않는가, 어떤 것을 보증하고 어떤 것을 보증하지 않는가 같은 세부사항도 계약에 따라 결정된다. 이러한 세부작업기준은 사업의 수익성에 있어 극히 중요한 사항이다. 이것을 명확히 규정해두지 않으면 애초에 하려고 하지 않았던 일을 하게 될 수도 있고, 결과적으로는 그에 대한 대가도 받지 못할 수 있기 때문이다. 하지도 않은 약속, 좀더 정확하게 말하자면 하지 않는다고 꼬집어 명시하지 않았기 때문에 얼떨결에 떠맡게 된 약속조차도 책임지게 될 수 있다.

이와 관련해서 초창기에 고객 한 사람과 겪은 일이 있다. 내가 문서로 된 계약서를 사용하지 않던 시절의 일이었다. 나는 포괄적인 의미에서 그 고객의 마케팅을 담당하기로 구두계약을 했는데, 이는 그 고객이 생각하는 '마케팅'의 범위가 내 생각과 다를 수 있다는 것을 의미했다. 그 일을 하는 대가로 고객은 내게 월정액의 상근이사 보수를 지급하기로 했다. 머지않아 나는 원래 의도했던 것보다 훨씬 많은 양의 일을 하게 되었고, 결과적으로 시간당 벌어들이는 보수는 당초 생각보다 훨씬 적었다. 더군다나 이 고객은 너무나도 바빴기에 연락하기 어려운 때도 많았다. 그리하여 논의를 하고 승인을 받기 위해 그를 따라다니느라 부가적인 시간이 또 들었다.

내가 이런 점에 대해 그 고객과 얘기를 나누었을까? 물론 아니다. 나는 고객을 잃을지도 모른다는 생각에 얘기조차 꺼내지 못했다. 하지만 그런 자신감 부족은 둘째 치고라도 내게는 작업 기준을 명시한 서류라고는 아무것도 없었다. 따라서 내게는 불평할 대상조차 없었다. 계약서를 작성하지 않았기 때문에 스스로 무덤을 판 꼴이었다. 계약서가 없기 때문에 나는 고객과 동등한 위치에 서지 못했고, 고객이 전권을 쥐고 있는 불편한 상황에 놓이게 되었다. 자신과 고객의 불평등함은 자신에게 있어서는 곧 지배력의 상실이었고, 고객에게 있어서는 서비스가 지닌 가치를 손해 보는 것이다.

생각해보라. 자신과 서면으로 계약한 문서를 갖고 있는 사람과 구두로 계약한 사람 중 누구를 더 존중하겠는가? 누가 더 전문가답게 보이겠으며 누가 더 인정받는 사람처럼 보이겠는가? 누구하고 일할 때 계약조건들을 더 준수할 것 같은가?

서면계약은 계약관계의 조건을 명시해주며, 이는 서로에게 이로운 일이다. 서면계약의 조항을 수정하고 싶어하는 고객과 나 사이에 이러한 일이 있었다. 그 고객은 앞서 합의했던 지급방식을 변경하고 싶어했고, 마케팅뿐만 아니라 관리업무까지 내 의무사항에 포함시키고 싶어했다. 나는 그렇게 하고 싶지 않았고, 고객에게도 그렇게 말했다. 나는 일을 끝내고 싶었기에 고객에게 내 서비스와 지출금액 상환을 청구하고는 계약을 종료했다. 그러나 그는 지불을 미루고 또 미루었다. 결국 나는 그를 법정으로 끌어냈다. 내게는 계약서가 있었기에 아무 거리낄 것이 없었다. 하지만 나는 어쩔 수 없이 전체 금액보다 적은 금액에 만족해야 했는데, 그가 다른 주(州) 사람인 데다가, 그러지 않으면 주 경계선을 핑계로 지불을 영원히 질질 끌겠다고 했던 것이다. 어쨌든 나는 계약서를 통해 법정에서의 확고한 발판과 고객에게 더 효력 있게 대응할 수단을 마련해놓았다는 사실이 기뻤다. 결과적으로 그 고객으로부터 얼마간의 수입은 얻을 수 있었으니 말이다.

계약서는 나를 보호해준다

서면계약은 여러 가지 면에서 당신의 보호막이 된다. 계약서에는 작업이 진행되는 기준, 즉 작업이 어떻게, 언제까지 이루어져야 하는지가 자세히 설명되어 있다. 계약서는 또한 대금을 받는 데에도 도움이 된다. 명시되지 않은 부분에 대한 고객의 막연한 기대치와 착각으로부터 당신을 보호하는 데에도 더할 나위 없이 소중하다.

'기대치' 와 관련하여 처음부터 문제투성이였던 한 사례에 대해 이야기하겠다. 몇 년 동안 거래해온 한 우수고객의 요청에 따라, 나는 어떤 협회와 만나 몇 가지 아이디어를 제시하고 단기간에 걸쳐 어떤 작업을 해주기로 계약했다. 이 계약이 문제투성이였다고 말하는 까닭은 나의 기본적인 원칙 중 몇 가지에 위배되었기 때문이다. 그 몇 가지란 '위원회와 일하지 말 것' '친구가 부탁했다고 해서 일하지 말 것' 그리고 '불필요한 위험을 감수하고 일하지 말 것' 등이었다. 그럼에도 나는 내 고객과 그의 협회를 '돕느라고' 내 원칙과 직감을 무시했다.

다행히도 나는 계약서에 내가 할 일에 대해 명확하게 적었고, 결과물에 대해 아무런 보장도 하지 않았다. 계약서에 기술되지 않은 일을 해야 했던 것은 몇 가지밖에 없었고, 협회가 자신들이 원했던 결과가 나오리라고 예상하는 상황에서 일은 끝났다. 그러나 결과물은 협회를 주도하던 한 사람의 기대를 충족시키지 못했다. 결과적으로 그들은 작업의 결과물이 기대에 미치지 못했기 때문에 내게 돈을 지불하지 않을까 하다가 선처를 베풀어 반액을 보내기로 결정했다면서 당초 합의했던 금액의 절반에 해당하는 수표를 보내왔다. 그들이 원하는 결과를 내지 못했다는 점은 나도 유감이었지만, 동시에 나는 거래를 함에 있어 내가 할 수 있는 일이 있지만 그 결과가 어떨지는 결코 장담할 수 없음을 깨달았다. 마케팅의 영역에는 결과를 장담하기엔 너무나 많은 통제 불가능한 요소들이 있는 법이다.

나는 결과에 대해서는 보장하지 않는다고 명확하게 기술한 계약서를 갖고 있었기 때문에 그들에게 답신을 보냈다. 편지에는 당초 합의한 수수료, 계약서에 기술한 대로 일했다는 사실, 그리고 수수료를 삭감하는 것에 대해서는 협의한 바 없다는 점 등에 대해 썼다. 더 나아가, 특정일까지 내가 수수료 전액을 받지 못한다면 협회는 법정에 출두하게 될 것이라고 썼다. 그러자 수표를 받기로 되어 있던 날짜에 협회 사무실로부터 수표를 부쳤다는 전화가 왔고, 나는 다음날 수수료 전액에 해당하는 수표를 받을 수 있었다. 그때 계약서가 없었다면 나는 합의 내용을 증명할 수 없었을 것이고, 내가 일한 것에 대한 수수료 전액이, 혹은 적어도 절반이 날아갔을 것이다.

계약서는 자신과 고객을 동시에 보호해준다. 서면으로 작성된 계약서는 자신과 고객의 관계 전반에 대한 명쾌한 커뮤니케이션 수단이다. 계약서는 또한 그 관계에 수반되지 '않는' 것에 대해서도 명시적, 혹은 암시적으로 제시하고 있다.

계약서에는 그 계약에 수반되는 내용이 가능한 자세하고 정확하게 제시되어야 하며, 어떤 사항도 유추와 추측을 통해 작성되어선 안 된다. 그렇다고 계약서가 두꺼운 문서철이어야 한다는 것은 아니다. 나는 계약서에 내가 수행할 일이 무엇인지 정확하게 적는다. 계약의 기간을 지정하고, 수수료는 얼마이며 언제 지급될지 상세히 기술한다. 특히 서비스의 대가로 순전히 수수료만 받는 나로서는 다른 판매주들이나 기관에 대한 서비스나 수수료는 포함시키지 않는다는 점을 강조한다. 우편요금이나 용지대금처럼 추후에 변제받을 항목들도 기재한다.

계약해지 조항을
꼭 포함시켜라

나는 계약해지 조항도 계약서에 꼭 포함시킨다. 무엇하러 계약해지에 대해서까지 이야기할까 싶을 것이다. 프로의식이 있고 작업을 끝까지 해낼 사람이라면 계약의 초기 단계에 계약해지에 대해 논의하는 것이 어려울 이유는 없다. 만일 그렇게 해도 될지 혼란스럽다면 스스로에게 이유를 물어보라. 그 일을 성사시킬 자신이 없는가? 약속한 일을 완수하지 못할까 불안한가? 고객이 계약해지 조항을 발동시킬까 걱정되는가? 그 고객에 대해서 그토록 불편하다면, 당신이 그 고객과 정말로 일을 하고 싶은지 다시 생각해보라. 만족스럽게 진행할 자신이 없는 일을 맡겠다고 한 것이라면, 계약서에 서명하기 전에 고객에게 알려라. 일을 해낼 자신이 없다면 그 불안의 근원이 무엇인지 스스로와 대화를 나누어라. 그 불안감은 어디에서 오며, 어떻게 해결할 수 있는가?

지금까지는 서비스업에서의 계약서를 예로 들었지만, 여기서 말한 것들은 소매업이나 제조업에도 적용할 수 있다. 또한 소매업자들은 이 예들을 거래하는 서비스업체나 구매주문을 넣는 대리점주들에게 적용할 수 있다. 주문을 할 때는 배송일과 지불일, 지불조건과 환불정책, 그리고 상품수령에 대해 명확하게 밝히고 상품에 관한 의무사항을 규정짓는 세부사항들까지 항상 서면으로 정리해두어라. 구두로 주문하거나 그 주문의 조건을 서면으로 정리해 남기지 않으면, 이후에 그 주문으로 인해 자기 사업에 일어날 어떤 일에 대해서도 상환 청구권이 없다. 서면으로 작성된 주문과 조건들은 소매업자와 제조업자 쌍방을 위한 보호책이다. 그리고 이것은 제조업자들 또한 대리점주들과 명확하게 서면으로 주문 계약서를 작성해야 하는 이유가 된다.

당신의 계약서에는 어떤 항목들이 적혀 있는가?

모든 고객과 계약서를 만들어 놓았는가? 그렇지 않다면 지금이라도 하나씩 작성해서 고객과 자신 양측이 서명하라. 고객에게도 쌍방이 서명한 계약서 사본을 전달하라. 대리점주와의 주문과 계약은 서면으로 하는가? 그렇지 않다면, 오늘부터 당장 주문 계약서를 작성하라. 상대로 하여금 계약서에 서명하게 하고, 역시 쌍방이 서명한 계약서 사본을 전달하라. 계약서, 혹은 서면동의서 없이는 절대 일을 시작하지 마라.

8

수금 시스템을 확실히 하라

자기 자신과 자신의 사업, 그리고 현금유출입량을 잘 관리하라. 사업을 시작할 생각이라면 아무것도 기록할 게 없더라도 미리 청구서 관리와 장부 관리 시스템을 설정하라. 이미 사업을 시작했다면 청구서와 장부 관리 시스템을 재점검하라. 그런 시스템이 있기는 한가? 전문가에게 맡겨 운영하고 있는가? 그렇게 하지 않는다면 그 이유는 무엇인가? 언제 청구서를 발행할지 계획이 서 있는가? 누가 청구서를 작성하는가? 청구서와 장부 관리 방식을 개선할 여지가 있는가? 그렇다면 당장 그렇게 하라!

청구서를 발행하고 수금을 하는 것은 필수적인 일이지만 꽤나 성가신 일이다. 듣기에는 참으로 간단해 보이지만 실제로는 그렇지 않다. 왜 그럴까?

사업을 시작할 때에는 우선 일거리를 잡는 것, 다음에는 일을 시기 적절하게 잘 마무리 짓는 것에 중점을 두어야 한다. 처음부터 수금에 중점을 둘 수는 없다. 하지만 침착하게 청구서를 발행하지 않으면 침착하게 대금을 받아내지 못할 가능성이 크다.

나는 사업을 시작하기 전에 영세업자들의 첫 번째 실패 요인이 청구서 발행과 수금이라는 얘기를 읽은 적이 있다. 나로서는 이해할 수 없었다. 청구하는 게 뭐가 그리 어려울까? 그러나 머지않아 그것이 얼마나 어려운 일인지 알게 되었다.

청구서 발행
시스템을 설정하라

첫째로, 사업을 시작하기 전에 청구서 발행 시스템을 현명하게 설정해놓을 필요가 있다. 나는 처음부터 그렇게 하지는 않았는데, 다른 많은 이들도 그러지 않았을 거라고 생각한다. 일거리를 잡으려고 전전긍긍하고 있을 때라면 청구서를 떠올리기란 쉽지 않은 일이다. 그리고 첫 번째 일거리를 잡아서 열성적으로 완수하고 나면, 매우 흥분해서 다음 일거리를 진행하는 데에만 신경을 쓸 것이다.

내가 그랬듯, 아마 여러분도 청구서, 청구서 발행, 회계장부 시스템에 대해 아무런 준비도 되어 있지 않을 것이다. 청구서를 발행하려면 컴퓨터로 양식을 작성한 후 인쇄해서 써야 한다. 요즘은 컴퓨터 프로그램에서 청구서 양식을 쉽게 찾을 수 있다. 그 중 하나를 자신의 사업 성격에 맞게 적용하는 것은 어렵지 않다. 그리고 나면 하나의 청구서에 대한 지불 여부, 지불 시기, 지불 방식을 추적할 수 있도록 청구서 발행 시스템을 설정해놓아야 한다. 더 나아가 지불 건들은 지불 여부와 더불어 사업의 재정상태가 표시되는 회계장부에 기록해두어야 한다. 재정상태는 정기적으로 사업을 점검하고 대출을 받을 때 금융기관에 제시할 수 있는 중요한 근거가 된다.

청구서 발행 시점을 정하라

둘째, 언제 청구서를 발행해야 할지 계획을 세워야 한다. 나는 여러 가지 방안을 시도해보았다. 월별로 청구서를 발행해볼까 했는데, 어느 틈엔가 눈 깜짝할 사이에 월말이 지나가더니 이내 다음 달 중순이 되어 있었다. 나는 그 전달의 청구서 발행도 마치지 못한 상태였다. 이런 상황은 두세 달 연속으로 일어나기도 했다. 주별로 청구서를 발행하는 방법도 써보았지만 월별로 하는 것보다 나을 게 없었다.

이 책의 집필을 마칠 무렵, 그래픽 아티스트로서 자신의 사업체를 운영하고 있는 친구 하나가 청구서를 주단위로 발행하는 것으로 바꾸었다고 했다. 그녀는 하나의 프로젝트가 마무리될 때까지 기다리는 대신 매 주말 그 주에 프로젝트를 진행한 시간에 대해 고객에게 청구서를 발행하고 있었다. 1년에 52번 청구서를 발행하게 된 것이다. 한두 달 후, 그녀는 이 시스템이 아주 잘 굴러감을 확인했다. 현금유입량은 늘어났고, 고객들은 지불을 일시불로 하기보다 여러 주에 걸쳐 분산시켜준 것에 고마워했다. 주별로 청구한 덕분에 고객들은 그녀가 프로젝트에 얼마만큼의 시간을 들였는지 알 수 있었고, 따라서 그녀와 고객들 간의 의사소통 또한 개선되었다. 고객들은 주별 청구서를 통해 그녀가 그들의 프로젝트에 얼마만큼 관심을 기울이고 있는지도 알게 되었다.

그녀는 내가 그랬던 것처럼 수년 걸려서 사업의 현금유출입량, 그리고 고객들에게 공평한 청구서 발행 스케줄을 찾아낸 것이다. 이렇게 여러 가지 방법을 시도하고 시행착오를 겪으면서 우리에게 가장 알맞은 방법이 무엇인지 알아낼 수 있다.

청구서 발행 시스템을 테스트하는 동안 나는 어떻게 재정적으로 버텨낼 수 있었을까? 나의 재정상태는 마치 롤러코스터를 타는 듯했다. 마침내 내가 근근이 의지하고 있던 계좌의 잔고가 바닥을 드러내자 수금은 내 초미의 관심사가 되었다. 당시 나는 수금이 이루어지기까지 30일, 혹은 그 이상을 기다려야 하기도 했다. 이는 전적으로 청구서 관리에 대한 나의 무관심 탓이었다.

결국 나는 프로젝트 완수 시점에서 청구서를 발행하기 시작했다. 일단 이런 업무방식을 유지하기로 마음먹고 나자 청구서 발행 문제가 해결되었다. 대부분의 거래가 월단위로 진행되지 않았기에 내게 있어 이 방법은 무척 효율적이었다. 물론 월별로 청구서를 발행하는 고객들도 몇 명 있었는데, 그들에게 청구서를 발행하는 데는 한발 늦곤 했다. 하지만 대부분의 거래는 프로젝트 완료를 기준으로 진행되었고, 프로젝트를 마무리 지을 때쯤에 나는 고객에게 청구서를 발송했다.

이 시스템은 현금유출입량에 크게 도움을 주었고, 청구서 발행을 둘러싼 나와 고객 간의 긴장을 풀어주었다. 처음에는 몇 달 동안이나 내게서 청구서를 받지 못하는 고객들도 있었다. 많은 고객들이 대금지불이 지연되는 것을 은근히 기뻐했지만, 즉각 청구서가 오지 않는다는 사실에 불쾌해한 고객들도 있었다. 지금 이 글을 쓰면서 생각해 보니, 그때 일은 정말로 당황스럽다. 당시 나는 고의로 청구서 발행을 회피한 것이 아니었는데 말이다.

수금을 책임질
전문가를 고용하라

나는 고객들을 위해 일하는 데 사업의 중심을 두고 있으며, 청구서 발행은 고객들을 위한 직접적인 활동은 아니기 때문에 나는 원칙적으로 청구서 발행에 전념하지 않는다. 청구서 발행은 나와 내 사업을 위한 보조적인 활동일 뿐이다. 게다가 청구서 발행은 내가 하는 일과는 무척 다른 종류의 일이다. 마케팅은 창의력을 요하는 일인 반면, 청구서 발행은 기계적인 업무인 데다 재미도 없다. 고객들을 위해 일하는 것은 즐거운 일이지만 청구서 발행은 전혀 즐겁지 않다.

나의 업무에는 사고와 창의력, 그리고 아이디어가 필요하다. 반면에 청구서 발행에는 양식과 숫자, 그리고 절차가 필요하다. 이 두 가지 분야는 판이하다. 한 가지 일에서 다른 한 가지 일로 옮겨가려면 사용하는 두뇌를 다른 쪽으로 바꾸어야 한다.

청구서 발행은 결국 프로젝트가 완료되고 수입이 발생한 후의 일이기 때문에 내게 있어서는 다소 김빠진 일처럼 느껴진다. 대금을 지불받기 위해 서류 양식을 채우는 것은 너무나 성가신 일이다. 고객이 청구서 같은 것 없이 그냥 알아서 돈을 주면 얼마나 좋을까!

물론 나는 회계와 청구서 관리에 대해서 알고는 있다. 앞서 말한 내용은 내 두뇌 반구 중 우위를 차지하고 있는 쪽(즉, 마케팅에 관한 내용을 책임지는 쪽), 혹은 내 게으름으로부터 나온 얘기다.

바로 여기서 청구서 발행에 대한 세 번째 제안을 하겠다. 누군가에게 청구서 발행을 위임하거나 담당자를 고용하는 것이다. 나는 아직 이렇게 해보지 않았다. 나는 일을 시작하기에 앞서 고객에게 견적가를 제시하는 방식으로 일하고 있기 때문이다. 일을 하다 보면 도중에 종종 내가 나중에 상환 받을 비용을 지출하게 된다. 따라서 견적가에 미리 지출한 비용을 취합하여 더한 다음, 다른 사람에게 전달하여 청구서를 작성하게 하느니, 내가 직접 청구서를 작성하는 편이 낫다. 시간을 절약하는 차원에서 봐도 다른 사람에게 청구서 관리를 시켜서 얻을 이익은 거의 없는 것 같다.

하지만 이 책을 쓰면서 나는 경리직원이 큰 도움이 될 수 있다는 사실을 깨달았다. 직접 청구서를 작성하는 것이 훨씬 편하고 신속하기 때문에 청구서를 관리하는 경리직원을 따로 두지 않을 수도 있지만, 경리직원은 회사의 장부를 정리함에 있어 짐을 덜어줄 수 있다. 정기적으로 장부를 정리하면 사업상의 수치들을 보다 잘 기억하는 데 도움이 될 것이며, 결과적으로 사업이 어떻게 진행되고 있는지를 제대로 파악할 수 있을 것이다. 그리고 경리직원과 친밀하게 지내다 보면 궁극적으로 꽤 빠른 시일 내에 청구서 발행 업무도 다른 사람에게 넘길 용기가 생길 것이다. 경리직원이나 회계직원을 고용하지 않은 것이 내가 5년간 저지른 실수 중 하나일지도 모른다는 점에 유의하기 바란다.

내가 청구서를 직접 작성하는 데에는 몇 가지 근본적인 이유가 있다. 첫째는 할 수만 있다면 내 청구서를 다른 사람이 관리하게 하느라 돈을 쓰고 싶지 않다는 점이고, 둘째는 내가 대부분의 일을 스스로 하는 데에 익숙한 사람이라는 점이다. 나보고 치사하다고 하거나 고독한 늑대라고 불러도 좋다. 둘 다 내 모습의 일부인 것을 어쩌겠는가!

나는 최근 로버트 키요사키의 『부자 아빠 가난한 아빠, Rich Dad Poor Dad』 시리즈를 읽기 시작했다. 키요사키는 경리직원이나 회계직원을 포함한 전문가들을 고용하는 것이 사업에 도움이 된다고 강조했다. 그는 이런 전문가들의 전문지식과 객관적인 견해를 얻는 데 돈을 쓰는 것은 현명한 일이라고 지적한다. 이제는 그의 이야기가 무슨 뜻인지 알 것 같다.

전문가는 사업에 여러 가지로 도움을 준다

전문가들은 전문지식과 객관성을 부여하는 것 외에 당신을 유능해 보이게 만들어주기도 한다. 나는 청구가 지연되거나 잔고가 모자라서, 혹은 상환금액이나 추가작업비 청구를 깜박하는 바람에 긴장하는 경험을 수차례 했다. 그러나 전문가에게 청구서 관리와 장부 정리를 맡기면 이런 스트레스를 받지 않을 수 있다. 스트레스란 누구나 가능하면 줄이고 싶어하는 것 아닌가.

전문가를 고용하면 자신의 평판도 올라갈 수 있다. 청구서가 지연된 경우들을 되돌아보면, 청구서를 늦게 발송한 것이 내 평판과 입지에 별 도움이 안 되었음을 깨달을 수 있다. 고객을 위해 열심히 일하고 잘 마무리 지어놓고는 청구서가 늦어서 고객을 성가시게 하다니, 이 얼마나 바보 같은 짓인가? 내가 기억하는 바로는 이런 이유로 일거리를 놓친 적은 없지만, 어렵게 얻은 좋은 평판을 스스로 깎아내릴 이유가 있는가? 전문가에게 청구서 관리를 맡겨서 자신의 유능한 이미지를 유지하지 않을 이유가 없지 않은가.

내가 전문가에게 청구서 관리를 맡겼더라면 그동안 받지 못했던 몇 개 거래처로부터 대금을 받을 수 있었을지도 모른다. 전체적으로 보면 수금하지 못한 돈은 거의 없지만 말이다. 사업을 시작한 첫 5년간 대금 전체를 결제하지 않은 고객은 단 하나였으며, 대금의 일부를 결제하지 않은 경우는 셋이었다. 이렇게 문제가 있던 고객들과도 거래를 계속했더라면 아마도 돈을 더 받을 수 있었을 것이다. 아니면 좀 더 일찍 그들과 거래를 끊었다면 돈을 제대로 내는 고객들과 일할 시간을 더 벌 수 있었을 것이다. 어떤 방식을 썼건 내 사업과 현금유출입량, 그리고 수입은 모두 개선되었을 것이다.

재무 관리에 관한
나의 실수에서 배워라

자기 자신과 자신의 사업, 그리고 현금 유출입량을 잘 관리하라. 사업을 시작할 생각이라면 아무것도 기록할 게 없더라도 미리 청구서 관리와 장부 관리 시스템을 설정하라. 이미 사업을 시작했다면 청구서와 장부 관리 시스템을 재점검하라. 그런 시스템이 있기는 한가? 전문가에게 맡겨 운영하고 있는가? 그렇게 하지 않는다면 그 이유는 무엇인가? 언제 청구서를 발행할지 계획이 서 있는가? 누가 청구서를 작성하는가? 청구서와 장부 관리 방식을 개선할 여지가 있는가? 그렇다면 당장 그렇게 하라!

내 실수로부터 배우기를 바란다. 청구서 관리에 대해 철저히 파악해서 사업을 더 건전하게 발전시켜라. 스트레스도 줄고 사업 이익도 늘어날 것이다.

무기력은 절망감을 키우고, 절망감을 현실화한다. 행동만이 절망감으로 인한 마비와 후유증을 극복하게 해준다. 몸소 행동하는 것만이 사업을 진전시킨다. 더 신속하게 행동할수록 당신과 당신의 사업에 득이 된다. 자신이 절망을 느끼고 자포자기하려 한다고 느낀다면, 즉각 행동을 취해야 함을 기억하라. 스스로를 떠밀어서라도 절망감에서 당신의 사업을 지켜내라.

한 번이라도 절망감을 느껴본 적이 있는가?

절망감은 두려움으로부터 생겨난다. 일거리가 부족할까 하는 두려움, 돈이 부족하지 않을까 하는 두려움, 실패에 대한 두려움…….

이런 두려움은 당신을 꽁꽁 묶어 자신에게 가장 중요한 것이 무엇인지 느끼지 못할 정도로 무기력하게 만든다. 두려움은 그렇게 무기력을 야기한다.

무기력은 언덕 아래로 굴러 내려가긴 하지만 바위 하나에도 걸려 멈춰 서는 눈덩이와 같다. 바위는 눈덩이를 그 자리에 잡아두며, 무기력은 눈덩이가 그 자리에 남아 햇빛에 녹듯 다른 요소로부터 영향 받도록 방치해둔다. 하지만 운동량이 증가되고 눈이 붙으면서 눈덩이가 언덕 아래로 굴러 내려올 때에는 그런 요소들은 거의 아무런 영향도 미치지 못한다. 하지만 눈이 더 이상 붙지 않고 언덕 아래로 굴러 내려오는 힘도 없으면 눈덩이는 점점 작아진다.

마찬가지로 자포자기에 대한 두려움 때문에 무기력에 사로잡히면 자신과 사업 모두가 점점 더 위축되어갈 것이다.

무엇이 당신을 자포자기하게 만드는가?

내 경우에는 고객을 잃는 것, 즉 일거리를 잃어서 궁극적으로 수입을 잃는 것이 나를 자포자기하게 만들었다.

고객을 잃을까 하는 두려움이
자포자기하게 한다

어떤 고객과 거래가 끊길 것 같은 느낌이 들거나 일이 잘 풀리지 않으면 나는 그 고객을 피하기 시작한다. 그 고객에게 전화를 거는 것도 차일피일 미루고, 그 사람의 일을 하는 것도 미적거린다. 그 고객을 만날 생각만 해도 속이 뒤틀린다.

내가 피해 다니던 어떤 고객은 작은 상점의 주인으로, 나는 그 상점의 마케팅 계획을 세웠다. 계약에 의해 내가 첫 번째로 실천해야 했던 사항은 2월부터 6월까지 계속해서 배포하기로 한 일련의 DM (Direct Mail) 광고물이었다. 그런데 내 가족 중 하나가 병에 걸리는 바람에 나는 2월까지 우편물을 만들어내지 못했고, 한 가지가 지연되니 다른 것들도 줄줄이 늦어졌다. 상점 주인은 겨울휴가 중이었고, 그 상점의 고참 직원의 자리는 비어 있었다. 또한 휴일인 전몰장병기념

일(5월의 마지막 월요일)은 광고물을 발송하기에 적합한 시기가 아니었다. 결과적으로 2월에서 6월까지 매월 발송하려던 우편광고물은 7월부터 11월까지 발송되었다.

그제야 나는 우편물의 효과에 대해 점점 걱정이 되기 시작했다. 우편물 덕에 이 상점의 고객이 늘어났을까? 우리가 선택한 시기는 적절했을까? 상점에 고객이 늘지 않으면 어떻게 하나? 이런 걱정은 나날이 늘어만 갔고, 그 때문에 나는 고객을 만나 우편광고물 발송이 효과가 있었는지 물어보지도 못할 지경에 이르렀다. 몇 달에 걸쳐 걱정과 무기력이 누적되자 나는 자포자기의 심정이 되어갔다.

왜 그랬을까? 바로 두려움 때문이었다.

나는 고객을 잃으리라는 두려움에 자포자기했고, 그러자 그 고객에 대해 무기력해졌다. 고객을 만나는 것뿐 아니라, 계약서에 명시된 대로 청구서를 발행하는 것조차 몇 달 동안 꺼리게 되었고, 나머지 계획들을 이행하는 데에도 게을러져갔다. 이유야 무엇이었든 나는 그 고객을 위한 활동을 멈추었고, 그 고객과의 거래가 끊어질 것이라는 절망감은 점점 커져갔다.

당신은 이렇게 생각할 것이다. '그야, 무기력해지면 고객을 잃게 되는 게 당연하지, 쳇!' 당신 말이 맞다. 나 역시 그걸 안다. 하지만 걱정하고 죄책감에 괴로워하다가 결국 자포자기하게 되면 아무리 많은 논리를 갖다 대도 그런 감정을 해명하지 못한다. 두려움을 해명하기는 어렵다. 사업을 키워나가려면 자신의 두려움을 직시하는 것이 유일한 선택이다.

두려움을 직시하라

자신의 두려움을 직시하기 전까지 당신의 행동은 사업 전체에 영향을 준다. 보다시피, 위의 경우에서 무기력은 불행히도 내 사업의 나머지 부분까지 방해했다. 나는 온종일 그 상황에 대해 생각하고 있었다. 무기력은 마치 '정신적인 쓰레기' 처럼 내 머릿속에 자리 잡은 채 업무 속도를 늦췄다. 뭔가 제대로 마무리되지 않았다는 모호한 느낌이 계속 남아 있었고, 그런 느낌을 지워버릴 수가 없었다. 괴로워하며 하루를 보냄과 동시에, 다른 성과물에도 손해를 입혔다. 그런 상황에 처하자 내가 두려움으로 인해 무기력에 빠졌던 다른 상황들이 떠올랐다.

내게는 몇 년 동안 거래해오던 서비스업계의 고객이 하나 있었다. 그의 딸은 그래픽 아트 학위 과정을 밟고 있었는데, 그녀가 우리의 거래에 점차 깊이 개입하게 되었다. 몇 달 지나지 않아 나는 불길한 전조를 느낄 수 있었다. 그녀가 마케팅 업무를 맡고 싶어했던 것이다. 당신이 그녀의 부모라면 자신의 딸에게 경험을 쌓을 기회도 주고 덤으로 비용도 절감하지 않을 이유가 있겠는가?

나는 이 고객에게 점점 전화 거는 횟수를 줄였다. 일단 우리의 가을 프로젝트가 마무리되면 당장 진행 중인 일은 없을 것이었으므로 만나는 것을 미루기도 쉬울 터였다. 머지않아 이 고객을 잃을 것이라는 생각에 나는 몇 주 동안 괴로웠다. 나는 그 업체에서 월급제로 프로젝트를 진행하고 있었으므로 정기적인 수입원을 잃게 되는 것이 두려웠다. 급여는 그다지 많지 않았지만 꾸준히 나왔고, 금액이 얼마가 되었든 일정한 수입이 보장된다는 것은 안심이 되는 일이었다. 덕분에 이번 달에도 수입이 있으리라는 기대와 함께 매달을 맞이할 수 있었던 것이다. 한 주 한 주가 지나면서 나의 불안은 심해져서 그 걱정이 잠재적인 수입 손실을 넘어설 정도에 이르렀다. 나는 이러한 상황에서 벗어나야 했다.

12월이 되자 나는 결국 용기를 내어 그 고객을 만날 약속을 잡았다. 예상했던 대로, 고객은 앞으로 자기 딸이 마케팅을 담당할 것이므로 내 서비스는 더 이상 필요하지 않다고 말했다. 그 자리는 고객 입장에서는 나의 협조에 감사를 표하며 우호적으로 헤어지는 자리였지만, 내게 있어서는 고객을 잃고 결과적으로 수입을 잃는 자리였던 셈이다.

이 일을 겪은 후 나는 그 상황의 긍정적인 점을 찾아보게 되었다. 상근이사로 일하는 것은 좋았지만, 내가 원래 의도했던 것보다 더 많은 시간을 들여 일했기에 시간당 보수는 낮은 셈이었다. 그 일이 아니었더라면 나는 같은 시간을 들여서 다른 거래처, 어쩌면 두세 곳 이상의 다른 거래처와 일을 해서 더 많은 수입을 올릴 수도 있었을 것이다. 당시 나는 어디서 그런 거래처를 찾을 수 있을지 의문이었다. 스스로에게 절망감을 극복하는 방법을 인지시키면서, 거래처들이 나타날지 걱정하는 대신 직접 발로 뛰어서 거래처를 확보하다 보면 거래처가 직접 나를 찾아오리라고 믿기로 했다. 또한 나는 상근이사로서 일하는 것도 그만두었다. (이에 대해서는 다른 장에서 얘기하겠다.)

절망감은 사업에 제약을 준다

과거를 돌아보며 나는 수입을 잃을까 하는 두려움이 만들어낸 절망감은 정신적으로 나를 옭아맨 것 이상이었음을 깨달았다. 절망감은 내 사업에 제약을 가했다. 절망에 가득 차서 시간을 보내는 것은 다른 고객들과 일을 하거나, 새로운 고객을 찾거나, 혹은 여가를 즐길 수도 있었을 시간과 에너지를 고갈시켰다. 절망감은 여러 가지 면에서 내게 상처를 주었다. 나는 다시는 절망감이 나를 덮치지 못하게 하기로 결심했다.

비록 몇 달 후의 일이기는 하지만 결국 이는 앞에서 말한 그 작은 상점의 주인을 만나기로 약속한 이유이다. 다시 한 번 내가 가장 두려워하던 일이 벌어졌다. 그 주인이 상점 문을 닫기로 결정한 것이다. 때늦은 조치와 이후의 무기력이 그 가게의 폐업에 일조했다는 죄책감이 내 양심을 괴롭혔다. 나는 마케팅이 사업에 필요한 전부가 아니라는 사실을 스스로에게 상기시켰다. 그 업주로 하여금 폐업하도록 결정하게 한 것은 수많은 요인들일 것이다. 업주는 DM 광고물을 비롯한 우리의 작업에 대해 긍정적으로 평가했으며, 분명 그것은 도움이 되었을 것이다. 폐업을 결정한 것은 주인의 개인 사정에 의한 것이기도 했고, 업계 분위기 때문이기도 했다. 우리는 우호적인 인사를 나누고 헤어졌으며, 나는 그가 계속 건재할 수 있다는 사실에 기뻤다. 나 역시 절망감 때문에 나의 행동력과 사업이 무기력해지고 제한되는 것에서 벗어나 앞으로 나아갈 수 있었다. 그것은 직접 행동함으로써 가능한 일이었다.

무기력은 절망감을 키우고, 절망감을 현실화한다. 행동만이 절망감으로 인한 마비와 후유증을 극복하게 해준다. 몸소 행동하는 것만이 사업을 진전시킨다. 더 신속하게 행동할수록 당신과 당신의 사업에 득이 된다. 자신이 절망을 느끼고 자포자기하려 한다고 느낀다면, 즉각 행동을 취해야 함을 기억하라. 스스로를 떠밀어서라도 절망감에서 당신의 사업을 지켜내라.

커뮤니케이션은 아무리 해도 지나치지 않다

10

통찰력을 가지고 의사소통을 해라. 늦지 않게 일찌감치, 그리고 자주 의견을 교환해라. 얘기할 것이 있다면 오늘 바로 해라. 변동사항, 지연사항, 그리고 문젯거리에 대해 얘기하는 것을 미루지 마라. 커뮤니케이션이 '충분한' 순간이란 없는 법이다.

사업을 시작하기 전에 몇 군데 기업에서 일했던 경험에 의하면, 모든 기업에는 커뮤니케이션의 문제가 늘 존재한다. 나는 그 수렁 같은 커뮤니케이션, 특히 커뮤니케이션 관련 상품에 주력하는 미디어 기업에서의 커뮤니케이션 현황에 무척 놀랐다. 그리고 나는 사업을 시작했다.

사업 시작 후 5년 동안, 나는 커뮤니케이션이 내 발목을 거는 상황들에 부딪혔다. 나는 내 자신이 커뮤니케이션에는 정통해 있다고 생각했다. 나는 마케팅 컨설턴트일 뿐 아니라 커뮤니케이션의 부재로 온갖 문제가 생겼던 기업들에서 일해본 적도 있었기 때문에 그런 기업 환경을 통해 커뮤니케이션에 대해서는 통달했다고 생각했다. 예전 직장에서 일하는 동안 나는 내 지위와 상관없이 커뮤니케이션을 개선하기 위한 절차를 밟았다. 소매점을 관리하던 시절에는 점원들을 위해 그 전주의 매출, 신상품, 그리고 최신 사내 소식을 알리는 주간 공지문을 게시했다. 라디오 방송국에서 일할 때에는 개인비서를 두어 스태프 및 고객들과의 커뮤니케이션에 도움을 받았다. TV 방송국의 광고영업자였을 때에는 항상 고객에게 스케줄이 어디까지 승인되었는지 알려주는 일정에 관한 공지를 보냈다. 내게 있어 커뮤니케이션은 늘 중요했다.

그러나 사업을 시작하고 5년이 지나면서 나는 전적으로 새로운 수준의 커뮤니케이션을 인식하기 시작했다. 여기서 말하는 커뮤니케이션이란 무엇인지 명확하게 정의해보자. 내가 말하는 커뮤니케이션은 무언가에 대한 직접적인 정보를 누군가에게 전해주는 것이다. 언어적이거나 비언어적인 뉘앙스, 어투, 혹은 단어의 취사선택 등에 대해 파고들려는 것이 아니다. 이런 사항들에 대해서는 이미 수많은 책이 나와 있고, 또한 나는 커뮤니케이션에 관해 그렇게 이론적으로 공부하는 데에는 별 흥미가 없다. 커뮤니케이션에 대한 나의 기준은 한 사람과 다른 사람 사이의 직접적인 정보의 교환이다. 명확한 정보의 교환, 즉 명확한 커뮤니케이션에 대한 요구는 놀랍도록 절실하다. 그렇다면, 명확한 커뮤니케이션을 하는 것이 왜 그렇게 어려운 것일까?

커뮤니케이션을 방해하는 요소 1
- 너무 바쁘다

명확한 커뮤니케이션이 어려운 이유의 어느 정도는 이 세상이 돌아가는 속도 탓이다. 우리는 사적인 시간에든 사업을 할 때든 늘 너무 바빠서 남들이 하는 말에 별 주의를 기울이지 않는다. 작은 사업체를 운영할 때면 특히나 그러기 쉽다. 혼자서 경영주에서 근로자, 비서, 회계직원, 그리고 수위에 이르기까지 1인 다역을 하기 때문이다. 대기업들과 달리 영세업체들에게 비서나 수위 같은 지원인력은 일종의 사치이어서 적은 수의 사람들에게 업무부하가 분담된다. 이들은 동시에 몇 가지 자리를 감당해야 하므로 언제나 여러 다른 업무를 돌려가며 처리하게 된다. 따라서 이들이 흔히 말을 온전히 이해하지 못하는 것은 그리 놀랄 일이 아니다. 때로는 다른 일을 처리하고 있었음에도 또 다른 업무에 대한 이야기를 알아듣는다는 게 오히려 놀라울 지경이다.

커뮤니케이션을 방해하는 요소 2
- 경청하는 기술이 없다

이렇게 바쁜 데다 경청하는 기술까지 부족하다면, 당신은 커뮤니케이션의 문제를 이해하게 될 것이다. 경청하는 기술이 뛰어난 사람은 극히 드물다. 왜일까? 경청하는 기술은 학습되는 것이며, 우리들 대부분은 경청하는 법을 배우기는커녕 말하기에도 너무 바쁘다. 나 또한 그랬다. 경청하기 위해서는 의식적으로 말을 멈추고 상대방이 자유로이 대답할 수 있는 질문을 던져야 하며, 그 사람의 반응에 집중하도록 스스로 몰두해야 한다. 다른 사람이 말하는 동안 그 말에 어떻게 반응할지 생각하느라고 경청에 방해를 받아서는 안 된다. 상대방이 이야기를 마친 후에 그 이야기에 대해 생각하고 반응을 보여야 한다. 그러지 않으면 당신은 그가 한 말의 일부를 놓칠 것이다. 사소한 것이 전체의 의미에 영향을 줄 수도 있으므로 어쩌면 전체의 요점을 놓칠 수도 있다.

　나는 판매업을 시작하면서 경청하는 법을 익혔다. 판매에 관한 고전적인 경구 중에 "혼잣말을 하면 물건을 못 판다"라는 말이 있다. 이 말은 곧 고객의 말을 듣지 않은 채 계속해서 이야기를 늘어놓다가는 물건을 살 의사가 있던 고객을 짜증나게 하거나 고객이 마음을 바꾸게 만든다는 뜻이다. 라디오 광고 영업사원이었던 사회 초년생 시절에 나는 이런 실수를 저질렀다. 영업상 전화를 하던 중, 한동안 라디오 광고를 하지 않던 고물수집업체 여사장이 광고시간대를 잡겠다고 했다. 나는 매상을 올리게 된 것에 너무 흥분한 나머지 계속해서 떠들어댔으며, 그 바람에 그녀는 마음을 바꾸어버렸다. 수다 때문에 매상을 올리는 데 실패했다는 것보다 더 중요한 것은, 내가 그녀의 말을 하나도 듣지 않았다는 명백한 사실이다.

　알다시피 경청한다는 것은 수동적인 것이 아니라 능동적인 활동이다. 대부분의 사람들은 어떤 면에서는 지겨워서, 또 어떤 면에서는 누군가의 얘기를 들으면 그로 인해 자기 머릿속에 여러 가지 생각들이 떠오르기 때문에 남의 말을 듣지 않는다. 그들은 떠오른 생각들을 즉시 표현하고 싶어하거나, 상대의 말에 집중하지 않고 딴 생각을 한다. 경청을 하기 위해서는 자기 마음이 다른 사람의 이야기로 인해 샛길로 빠지지 않도록 통제해야 한다. 여기에는 의식적이고 계획적인 노력과 훈련이 필요하다. 스스로 이렇게 할 줄 아는 사람들은 거의 없으며, 그것이 바로 사람들이 경청하지 못하는 이유이다.

커뮤니케이션을 방해하는 요소 3
- 주의를 기울이지 않는다

경청하는 것 다음으로 커뮤니케이션 부재의 원인이 되는 것은 커뮤니케이션을 하는 사람의 입장에서 주의를 기울이지 않는 것이다. 즉, 자기가 말했다고 생각하는 것을 실제로는 말하지 않는 것이다. 아주 태만한 사람이나 그러는 것처럼 생각하기 쉽지만 이는 실제로 무척 쉽게 일어나는 일이며, 대개의 경우 계획적인 일은 아니다. 당신은 그저 사람들이 알고 있으리라 생각하면서 '어쨌든 나는 얘기했어' 하고 믿는다. 어쩌면 실제로 당신은 얘기했지만 사람들이 못 들었을 수도 있다. 혹은 바로 그 순간에 사람들이 딴 생각을 하고 있었을지도 모른다. 이도저도 아니면 당신이 정말 그들에게 얘기하지 않았을 수 있다.

무엇이 커뮤니케이션에 문제를 일으키는지 입증하는 것은 불가능하다. 원인을 밝힌다 해도 별로 중요하지 않다. 중요한 것은 당신이 얼마나 명확하게 의사소통을 하는가이다. 무엇보다 중요한 것은 당신의 고객과 직원들이 자신들이 알아야 할 정보를 알고 있는가 하는 점과, 그들이 당신의 메시지를 제대로 이해했는지를 당신이 인지하고 있는가 하는 점이다.

자주, 반복해서
커뮤니케이션 하라

고객과 직원들은 필요한 정보를 알고, 당신은 그들이 당신의 메시지를 제대로 이해했는지 알기 위해서는 자주, 그리고 반복적으로 의사소통을 해야 한다. 절대로 자신은 사람들에게 얘기했다고, 혹은 사람들이 당신 말을 들었다고 전제하지 마라. 사람들에게 말을 들으라고 가르칠 수도 없고, 당신의 메시지에 집중하도록 그들의 생활 태도를 바꿀 수도 없다. 다만 전하고자 하는 내용을 여러 번 다양한 방법을 이용해 전할 수는 있다. 말, 글, 이메일이나 그림 등 메시지를 전달할 수 있는 모든 가능한 방법을 동원하라.

또한 작업이 진행되는 과정을 사람들에게 알려라. 고객을 위해 남몰래 엄청나게 많은 일을 하느라 바쁠지 몰라도, 당신이 하는 일에 대해 고객이 아는 것이 더 중요하다. 스스로 열심히 일하고 있어도 당신이 말하지 않는 한 고객은 그 사실을 알 수가 없다. 중요한 사항만이 아니라 모든 사항을 고객에게 이야기하라. 그에게 당신의 일이 가치 있어 보이게 할 수 있는 모든 세부사항을 다 말하는 것이다.

나는 한 가지 일을 맡으면 온 에너지를 거기에 쏟아붓는다. 프로젝트를 완수하기 위해 집중하다 보면 고객에게 무슨 일이 일어나고 있는지 얘기해주는 것에 무신경해질 수도 있다. 고객에게 내가 하고 있는 일에 대해 충분히 알려주었다고 생각했지만 나중에 보면 더 말해줄 걸 그랬구나 싶은 경우가 여러 번 있었다. 혹자는 고객이 당신이

하고 있는 모든 일을 알고 싶어하지는 않는다거나 알 필요가 없을지도 모른다고 할지 모른다. 하지만 고객에게 한 번쯤은 지나칠 정도로 많은 것을 이야기해보기 바란다. 그래서 고객이 "그런 것까지는 말씀하지 않으셔도 됩니다"라고 한다면 내게 알려주기 바란다. 아직까지 그런 경우를 본 적이 없으니 말이다.

사소한 것들도
모두 이야기하라

대개 의사소통의 대상이 되지 않는 소소한 일들이 문젯거리로 둔갑하게 마련이다. 그런 작은 일들에 대해 의견을 교환하지 않으면 나중에는 큰일이 되어버린다. 사소한 일들을 당신이 통제하지 않는 경우도 있을 것이다. 내가 거래하는 한 인쇄소에서는 종이가 도착하지 않거나, 프레스 기계가 작동하지 않거나, 아니면 기술인력이 다치는 바람에 일이 지연된 적이 있었다. 내게도 컴퓨터가 다운되는 바람에 곤란했던 적이 있었다. 한 프로젝트 때문에 다른 프로젝트를 진행할 시간이 모자라 힘들었던 적도 있었다. 이렇듯 프로젝트의 진행과 시기적절한 운영에 영향을 주는 사소한 일들은 부지기수다.

이 모든 일들 때문에라도 고객에게 계속해서 정보를 제공하는 일은 중요하다. 지연되는 일이 있다면 고객에게 알려라. 그것도 가능한 한 빨리 알리는 것이 좋다. 고객에게 당신 업무를 순차적으로 얘기해서 당신이 무엇을 하고 있는지는 물론, 업무의 흐름까지 이해시켜라. 각종 제안과 문제점도 즉각 이야기하라. 고객에게 더 잘 알릴수록 당신과 고객의 관계가 개선되며, 고객은 당신의 업무를 높이 평가할 것이다.

작업이 지연되는 것이나 문제점, 혹은 변동사항을 고객에게 즉각적으로 말하지 않는다면 고객이 당신에게 전화를 할 수밖에 없고, 그러면 결국 당신은 상황을 알려주는 능동적인 입장이 아니라 상황을 설명하는 껄끄러운 입장에 처하게 된다. 상황은 그대로인데 입장만 바뀌는 것이다. 스포츠에서와 마찬가지로 의사소통에 있어서도 능동적인 공격이 최선의 방어이다. 능동적인 의사소통은 고객에 대한 당신의 입지를 강화시켜주는 반면, 상황이 발생하고 난 후의 설명은 당신의 커뮤니케이션 능력뿐만 아니라 당신의 성실성, 심지어는 업무 능력에 관해서까지 의심의 씨앗을 남기게 된다.

커뮤니케이션은
당신의 가치를 높인다

커뮤니케이션은 고객과 싸울 일을 줄여준다. 또한 고객에게 있어 당신의 가치를 높여준다. 추가로 한 일에 대해 고객에게 얘기하면, 그리고 어떤 일이 진행되고 있는지 알려주면 당신은 고객에게 더욱 가치 있는 존재가 된다.

나는 어떤 일을 끝마칠 때까지 일이 어떻게 진행되고 있는지 얘기하지 않는 습관이 있다. 이러한 의사소통의 부재는 결국 내가 이뤄낸 일을 너무 쉬워 보이게 만들었기 때문에 길게 보면 내 손해였다. 왜 내가 한 일이 쉬워 보였을까? 임무를 완수하기까지 내가 하는 일에 대해 고객에게 이야기하지 않았기 때문이었다.

여러분은 "그게 뭐가 잘못됐지? 일을 완수하는 게 목표잖아?" 하고 생각할지 모른다. 맞는 말이긴 하지만, 고객이나 상사가 내가 일을 완수하는 과정을 정확히 모른다면, 그는 당신이 그를 위해 무엇을 했는지 있는 그대로 이해할 수 없다. 그런 이해 없이는 고객이 당신의 작업에 대해 온전히 평가할 수 없으며, 그런 평가 없이는 당신과 당신의 일에 대해 적절한 가치를 부여할 수 없다. 이런 가치절하는 고객의 잘못이 아니다. 자기가 한 일에 대해 고객에게 전하지 않은 당신의 잘못이다. 자신이 잘 알지 못하는 일을 평가한다는 것은 누구에게든 어려운 일이니까 말이다.

다른 교훈과 마찬가지로, 커뮤니케이션은 머리로 배우기만 하면 되는 것이 아니다. 커뮤니케이션은 매일 실천에 옮겨야 하며 그렇지 않으면 마음 한구석이 불편해야 하는 교훈이다. 내가 커뮤니케이션을 제대로 하고 있는지 아무리 주의를 기울인다 해도, 여전히 의사소통이 이루어지지 않는 부분이 있게 마련이다.

되돌아보면, 나 역시 커뮤니케이션을 원활히 하지 못했다고 할 수 있다. 제 아무리 주의를 해도 지나고 보면 커뮤니케이션이 부족했던 부분이 있다는 게 흥미롭지 않은가? 나중에는 분명히 눈에 보이는데도 당시에는 알 수 없다는 것이 놀랍다.

통찰력을 가지고 의사소통을 해라. 늦지 않게 일찌감치, 그리고 자주 의견을 교환해라. 얘기할 것이 있다면 오늘 바로 해라. 변동사항, 지연사항, 그리고 문젯거리에 대해 얘기하는 것을 미루지 마라. 커뮤니케이션이 '충분한' 순간이란 없는 법이다.

사후점검을
게을리 하지 마라

11

어떤 상황에서든 사후점검에 시간과 에너지를 투자한다면 결과물의 질은 극적으로 상승할 것이다. 뿌린 대로 거둔다는 옛 격언은 사후점검에 확실하게 들어맞는다. 사후점검을 했을 경우 결과물은 제대로 된 것 이상일 것이다. 스트레스도 줄어들고, 쓸데없이 시간을 낭비하지 않게 될 것이며, 문제점을 수정하는 데에서 생기는 감정적인 소모까지 줄어들 것이다.

내 초창기 고객 중 한 명은 내게 누구든, 언제든, 일을 제대로 하리라고 믿지 말고 끝까지 거듭 확인하라고 주의를 주었다. 광고회사를 수년 동안 운영한 그는 어떤 매체에건 광고를 게재할 때에는 그 광고가 배정되었는지, 그리고 제시간대에 배정되었는지 지속적인 사후점검을 통해 확인하는 것이 현명한 행동이라고 단언했다. 더 나아가 지시한 사항들이 제대로 지켜지고 있는지를 확인하는 것도 필요하다고 했다. 당시 나는 그런 식의 행동은 세상에 대해 무척이나 냉소적인 시각을 가졌기 때문이라고 생각했지만, 훗날 그것이 무척이나 현실적인 시각이었음을 알게 되었다.

나는 그의 충고를 따르면서 그의 광고를 배정한 광고 담당자를 만난 적이 있는데, 그러면서 문제점들을 발견했다. 나는 담당자들이 일을 그렇게 잘못할 수 있으며 자신들이 일을 제대로 했는지 점검하지 않는 경우도 있다는 사실을 믿을 수가 없었다. 문제점을 해결한 후에도 나는 지나치게 걱정이 되어 수정사항들이 잘 반영되었는지를 다시 점검했다. 그러나 그때까지도 여전히 문제점들이 남아 있었고, 나는 경악했다. 어떻게 일을 이렇게 잘못 해놓을 수 있으며, 아무도 점검하지 않을 수 있는지, 믿을 수가 없었다.

사람들은 그다지 일을 신중하게 하지 않는다. 일을 신중하게 하지 않기 때문에 그에 대해 점검할 필요성도 느끼지 않는다. 내가 수년에 걸쳐 사후점검을 하고 문제점을 찾아내는 데 쓴 시간을 생각하면, 애초에 제대로 이루어진 일이라고는 거의 없다는 생각이 들어 놀라울 지경이다. 여러분에게도 지금은 내 얘기가 냉소적으로 들릴지 모르겠다.

작은 실수가
큰 오류를 낳는다

미디어 기업들만 일을 잘못 처리하고 사후점검을 하지 않는 것은 아니다. 실수와 사후점검 부족은 도처에서 일어나는 문제이다. 이런 실수들과 사후점검의 부족이 생겨나는 이유는 우리의 분주한 생활 스타일 때문이다. 사람들은 프로젝트를 진행할 때 모든 세부사항이 제대로 이루어지는지 면밀하게 주의를 기울이지 않는 경향이 있다. 또한 프로젝트가 다양한 단계와 여러 사람의 손을 거치는 동안 발생할 수 있는 잠재적인 문제들에 대해 끝까지 충분히 생각할 수 있을 정도로 오랫동안 한 프로젝트에 집중하지도 못한다. 우리는 너무 늦기 전에 프로젝트의 오류를 점검할 수 있게끔 시의적절하게 주의를 기울이지 못하는 경향이 있다. 몇 가지 일을 동시에 진행시키느라 바빠서 개별적인 프로젝트에 충분히 주의를 기울이지 못하기 때문에 실수가 발생한다. 이렇듯 사람들은 질보다 양에 중심을 둔다.

인쇄업계는 시간적인 압박으로 인해 늘 작업을 급히 끝내 달라는 요구를 받기 때문에 가면 갈수록 이러한 딜레마에 직면하게 된다. 게다가 컴퓨터 출판의 보급 덕분에 누구나 광고물을 만들어서 인쇄할 수 있다는 인식이 퍼져 있다. 훈련만 하면 누구나 자신의 인쇄광고물을 만들어낼 수 있게 된 것이다. 하지만 안타깝게도 많은 사람들이 광고물을 어떤 형태로 인쇄소에 전달해야 하는지 모르는 채 광고물 데이터를 만든다. 이런 사람들은 대개 서체나 레이아웃 활용법에 대한 훈련을 충분히 받지 못했다. 따라서 열 수 없거나 인식할 수 없는 프로그램으로 저장된 광고물 데이터를 인쇄소에 전달하는 사태가 빚어지곤 한다. 그리고 대개의 경우 이런 사람들은 광고물을 다급하게 의뢰한다. 그러면 인쇄업자는 데이터를 점검하거나 아예 데이터를 새로 만드는 데 부가적인 시간을 들여야 한다. 그게 뭐가 그리 어려운 일이냐고 반문할 수도 있다. 하지만 그 과정에서 수정된 사항을 고객이 철저하게 점검하지 않는다면 최종적으로 인쇄된 광고물에 오류가 생길 수 있다. 혹은 수정해야 할 것을 놓칠 가능성도 있다. 작은 사항이 얼마나 큰 차이를 만들어낼 수 있는지 생각하면 무서울 지경이다.

점검하고 또 점검하라

완성된 광고안을 몇 번이나 검토하고 나서도 고객은 뭔가를 또 바꿀 수도 있고, 다른 것을 덧붙이고 싶어할 수도 있다. 이는 광고물을 인쇄업자에게 넘길 때까지 충분하게 생각하지 않았던 데에서 기인한다.

더 나아가 인쇄업에 대한 고객의 무지함 때문에 인쇄업자들은 별난 형태의 광고물 데이터를 받곤 한다. 대부분의 고객은 인쇄업자가 알려주기 전까지는 자신들이 그런 실수를 하고 있다는 것을 자각하지 못한다. 사업을 시작했을 때, 나는 인쇄업에 대해 지금만큼 잘 알지 못했다. 내가 같이 일해온 인쇄소는 내가 인쇄업을 배우는 데 많은 도움을 주었다.

광고물 한 건을 인쇄할 때마다 나는 사후점검에 대한 교훈을 강조했다. 광고물을 재점검하지 않았을 때마다 뒤늦게 무언가 잘못되어 있는 것을 발견하게 되는 것이다. 내가 그 광고물을 재점검하기만 했더라면 아마도 그 오류를 잡아낼 수 있었을 것이다. 일례로, 나는 어떤 광고물의 일부분을 변경하고는 수정사항을 인쇄업자를 경유하지 않고 곧바로 견본인쇄업자에게 보냈다. 견본인쇄업자는 그 파일을 인쇄업자에게 돌려보냈으며, 나는 모든 것이 제대로 준비되었다고 생각하고 교정쇄를 재점검하지 않았다. 나는 견본인쇄업자가 수정사항을 결과물에 반영했을 것이라고 믿었기 때문이다. 그러나 그들은 그렇게 하지 않았다.

최종 결과물을 보니, 수정된 것이 아닌 원래의 안이 인쇄되어 있었다. 내가 수정사항을 곧바로 견본인쇄업자에게 보냈기 때문에 인쇄업자는 수정사항을 한 번도 보지 못한 것이다. 따라서 인쇄업자는 데이터에 오류가 있다는 사실을 알지 못했다. 견본인쇄업자는 변경사항을 중복해서 점검하지 않았으며, 나 또한 그러지 않았다. 수정하여 다시 인쇄하는 것은 돈이 너무 많이 들기 때문에 대안이 될 수 없었다. 그래서 그 광고물의 수정안은 빛을 보지 못했다. 이 사태는 과연 누구 탓이란 말인가?

사후점검은 뒤늦은 후회를 막아준다

사후점검을 하지 않아서 문제가 생긴 경우, 그 일을 누구 탓으로 돌릴지 생각해봤자 때는 늦다. 누군가를 비난한다고 해서 결과가 달라지지는 않는 것이다.

사회생활을 하는 사람들은 다른 사람에게 책임을 떠넘기고 자신의 행동에 대해서는 책임을 지지 않으려 하는 경향이 있다. 앞서 말한 상황에서 나는 견본인쇄업자에게 전달했던 변경사항을 점검하지 않은 것에 대해 내게 책임이 있음을 시인했다. 나는 그때 모든 준비가 잘 되어 있다고 생각했다. 말썽이 생기는 것은 언제나 이러한 '추측' 때문이다. 나는 잘못될 것은 아무것도 없을 거라고 '추측' 했던 것이다. 나는 변경사항과 그것들이 제대로 반영되지 않았을 가능성에 대해 잠시라도 시간을 갖고 차분히 생각하지 않았다. 인쇄업자 또한 책임감을 느꼈다. 그러나 수정사항에 대해 통보받은 적이 없던 인쇄업자로서는 수정사항이 결과물에 적용되었는지 아닌지 알 길이 없었다. 견본인쇄업자는 그 상황에 대해 어떠한 책임도 받아들이지 않았다. 물론 나는 어째서 그러냐고 따지지 않았다. 그 회사로서는 수정사항이 최종 광고물에 반영되었는지를 점검하는 일은 자신들의 책임이 아닌 것으로 생각하는 게 당연할 것 같았다.

책임을 지지 않으려는 견본인쇄업자의 태도는 그 회사에 대한 나의 평가에, 그리고 아마도 인쇄업자의 평가에 영향을 주었을 것이다. 실제로 책임이 있든 없든, 어떤 상황에 대해 조금이라도 책임을 지려는 태도가 아무런 책임도 지지 않으려는 태도보다는 거래인을 좀더 대범하고 나은 사람으로 보이게 한다.

최고의 결과를 얻기 위해서는 능동적으로 사후점검을 반복해서 불쾌한 상황을 초래하지 않도록 해야 한다. 누가 비난받아야 마땅한가 하는 것이 논점이 되는 상황에 처하고 싶은 사람은 없을 것이다. 실수를 통해 그러한 상황이 왜 벌어지는지에 대해 배우는 것은 유용한 일이 될 수 있지만, 그 시점이라면 이미 상황은 돌이킬 수 없게 되어 있을 것이다. 혹시 상황을 바꿀 수 있을지라도 그렇게 하려면 많은 돈과 노력이 들 것이다. 사후점검만 했더라면 피할 수 있었던 상황 때문에 괴로워하는 것보다는 너무 빈번하다 싶을 정도로 가차 없이 사후점검을 하는 것이 덜 피곤할 것이다.

사후점검 - 뿌린 대로 거둔다

사후점검은 개별적인 프로젝트 뿐 아니라 고객들에게도 적용할 수 있다. 고객을 진정으로 만족시키려면 '능동적인 사후점검' 이라는 주문을 외우다시피 해야 한다. 고객의 현재 상황은 어떠한가? 새로운 일은 없는가? 현재 문제점은 무엇인가? 고객은 당신의 작업에 대해 어떻게 생각하고 있는가? 고객들이 전화할 때까지 기다리지 말고 먼저 연락하고, 계속해서 연락하라. 시기적절하게 그들의 요구에 부응할 수 있도록 고객이 처한 상황을 최전방에서 파악하라. 고객들이 당신에게 도움을 요청한 다음이 아니라 요청하기 전에 말이다. 고객의 사업이 잘 굴러가도록 하려면 항상 사후점검을 하라.

당신이 고용한 종업원이나 동업하고 있는 전문가들에게도 마찬가지다. 그들이 작업할 범위 내에서 기준을 정해놓아라. 사후점검을 위한 미팅이나 보고서 제출 일정을 잡아놓아라. 그 후에는 그런 미팅이 이루어지고 보고서가 제출되는지 확인하라. 언제나 사후점검에 대비하라. 다른 사람이 해줄 거라고는 기대하지 마라. 일이 올바르게 되지 않았을 때에도 낙담하지 마라. 문제가 발생하기 전에 예측하고, 일이 제대로 이루어지면 기꺼이 기뻐하라. 이런 태도를 지니면 스트레스와 절망감이 크게 줄어들 것이다.

내가 서부 위스콘신 광고 클럽의 의장이었을 때 사후점검의 위력을 몸소 체험한 적이 있다. 우리는 미팅 공지에 대해 서면으로 답신을 요청하곤 했는데, 늘 똑같은 6명의 회원이 성실하게 답신을 보내왔다. 나머지 84명의 회원들에게는 전화를 해야 했는데, 내가 바로 그 전화를 담당했다. 광고 클럽의 위원들 몇 명은 그렇게 전화하는 것이 불필요하다며 "회원들은 확인전화를 해서 돌봐줘야 할 필요가 없는 어른들이다"라고 주장했다. 그것은 이론적으로는 맞는 말이지만 실생활에서는 먹혀들지 않는다. 전화로 점검하는 것은 회원들의 미팅 참석을 독려했고, 그들로 하여금 자신의 참여가 그 모임에 중요하다고 느끼게 해주었다. 비록 시간은 들었지만 나는 그런 전화를 하는 것을 즐겼고, 그 전화 덕에 회원들과 더 친숙해졌다. 하지만 결국 나는 위원회의 압박 때문에 확인전화를 그만두었고, 누구도 그 전화를 대신하지 않았다. 그리고 결과는 미팅 참석율의 급격한 하락이었다.

여기서 사후점검에 대한 교훈 하나.
뿌린 대로 거둔다!

어떤 상황에서든 사후점검에 시간과 에너지를 투자한다면 결과물의 질은 극적으로 상승할 것이다. 뿌린 대로 거둔다는 옛 격언은 사후점검에 확실하게 들어맞는다. 돈보다는 생각과 시간, 그리고 에너지를 쏟아 사후점검을 철저히 한 경우의 결과물은 제대로 된 것 이상일 것이다. 스트레스도 줄어들고, 쓸데없이 시간을 낭비하지 않게 될 것이며, 문제점을 수정하는 데에서 생기는 감정적인 소모까지 줄어들 것이다.

집이나 아파트를 수리하거나 개조하기 위해서 업체로부터 견적을 받으려고 했으나 회신 전화를 받지 못한 경험이 있다면, 사후점검이 되지 않는 데에 따르는 스트레스와 시간 낭비, 그리고 감정적인 소모가 어떤 것인지 알 것이다. 물론 그것은 한쪽, 즉 고객의 입장이다. 그러나 사업가의 입장에서도 사후점검을 제대로 하지 않으면 스트레스와 시간 낭비 및 감정적인 소모를 겪는다. 이러한 것들은 사업은 물론 개인 생활에까지 영향을 준다. 새 거래를 찾는 대신, 사후점검만 했더라면 피할 수 있었을 문제점들을 해결하느라 곤경에 처하게 되는 것이다.

가차 없이 사후점검을 하라. 오늘 점검할 것이 무엇이며 내일 점검할 것은 무엇인지 떠올려보라. 매일, 모든 상황에 대해 점검하라. 심지어 자신이 책임질 일이 아니더라도 점검하라. 사후점검은 스트레스를 줄여주고 능동적으로 새 거래처를 찾게 해줌으로써 생활에 평안과 번영을 가져다줄 것이다.

'사공이 많은 배'
와 일하지 마라

12

위원회와 일하지 말아야 하는 이유는 그 회원의 수만큼이나 많다. 위원회와 거래할 때에는 개인들 하나하나와 거래하고 있는 동시에 그 개인들이 만들어내는 집단 역학 체와도 거래한다는 사실을 기억하라. 위원회에는 각자의 의견을 가진 수많은 의장들이 있는 것이다.

한 가지 일을 하면서 몇 명과 함께 의사결정을 하려면 힘이 든다. 왜 그럴까?

한 가지 일에 대한 의사결정에 참여하는 일군의 사람들을 '위원회'라고 부르기로 하자. 정의에 따르면, 위원회의 위원들은 모두 결정권자다. 위원회의 위원은 합법적으로 최종 결과물에 대해 의견을 제시할 수 있다. 이들은 또한 최종 결과물이란 어떠해야 한다는 것에 대해 각자의 생각과 기준을 갖고 있다. 따라서 위원회와 함께 일하다 보면 각 위원의 참견 때문에 합의에 이르기가 매우 힘들 수 있다. 개별적인 고객 각각은 의사결정을 내리기 힘들어할 수도 있고, 마음을 바꿀 수도 있으며, 개인적인 일정을 갖고 있을지도 모르는 데다, 의사소통이 잘 안 되거나 쉽게 만족하지 못하는 사람일 수도 있다. 위원회와 일하게 되면 한 명의 고객과 거래할 때 일어날 수 있는 이러한 잠재적인 함정들이 인원수에 비례해서 늘어날 뿐 아니라 다양한 위원들 간의 상호작용으로 인해 엄청나게 증폭될 수도 있다.

많은 사람들을
만족시키기는 어렵다

만족시켜야 할 사람이 두 명 이상이라면 최종 결과물에 만족하지 않는 사람이 있을 가능성이 한 사람일 때보다 높아진다. 그런 상황이라면, 당신의 문제는 만족하지 않는 사람이 위원회에 대해 지니고 있는 영향력에 달려 있게 된다. 불만을 가진 사람의 의견이 매우 중요한가? 만족하지 못한 위원이 자신이 바라는 바에 위원회 전체가 굴복할 때까지 고집을 피우는가?

나는 구성원 대부분이 심술궂지도 않고 공격적이지도 않은 한 위원회와 거래한 적이 있다. 딱 한 명의 위원만이 심술궂고 공격적이었는데, 불행하게도 바로 그 회원이 내 작업에 대해 상당히 불만스러워했고, 작업의 말미에 가서는 내 서비스에 대해 결제해주지 말자고 위원회에 제안했다. 나머지 회원들은 그건 부당하다고 생각했지만 그 회원이 워낙 공격적이었던 데다가 결제를 하더라도 계약서에 적힌 금액보다는 적은 돈을 주겠다는 입장에서 물러날 기미를 보이지 않았기 때문에 결국 위원회는 내게 삭감된 금액을 지불했다. 그들은 이런 조치에 대해 나와 의논하지도 않고 결정을 내렸다. 나는 그런 결정에 대한 통지문이 동봉된 수표를 받고 나서야 삭감된 금액을 받았다는 것을 알았다. 단 한 명의 의사결정자와 일했더라면 나는 프로젝트가 진행되는 과정에서 그 사람의 불만사항을 알았을 것이고, 대금을 받기 전에 그 사람을 만족시킬 수 있었을 것이다. 위원회와 일했기 때문에 나는 각 회원의 생각을 전부 알 수는 없었고, 결과적으로 한 사람의 의사결정자와 일할 때처럼 문제점을 해결하여 고객을 만족시킬 수 없었다.

많은 사람들과 연락하는 것은
어려운 일이다

여러 명의 개인을 만족시키기 위해서는 그들 각각과 연락을 지속할 필요가 있다. 위원회의 각 위원들과 연락을 유지한다는 것은 엄청난 시간과 노력을 요하는 일이며, 실질적으로 거의 불가능하다. 한 사람과 의사소통할 때 일어날 수 있는 일반적인 문제점들을 떠올려보자. 그 사람에게 연락하느라 애쓰는 것에서부터 자기가 말한 것을 상대방이 알아들었는지 확인하는 것, 적절한 때에 상대에게 정보를 전달하는 것 등을 떠올렸으면 이제는 그런 문제점의 수에 위원회 위원의 수를 곱하라. 그러면 장차 생겨날 수 있는 어마어마한 의사소통 문제에 대해 감이 잡힐 것이다.

이런 사실을 나는 무척 힘겹게 깨달았다. 고객 중 한 사람과 프로젝트에 대해 논의하는 첫 번째 미팅 자리에 그 고객은 다른 사람 세 명을 더 참석시켰다. 고객은 그들이 자신의 프로젝트에 도움을 줄 사람들이라고 소개했다. 나는 진행 상황을 고객 한 사람에게만 보고하면 될 거라고 생각했지만, 프로젝트가 진행되면서 고객에게 전하는 모든 사항이 나머지 세 명에게도 전달되었다. 그리고 그 고객은 내가 나머지 세 사람에게도 이메일을 보내 상황을 보고하기를 바랐다. 나머지 세 명은 잔뜩 고무되어서 이메일을 받자마자 자신들의 의견을 제시하거나 질문을 하는 등 즉각적으로 반응했다. 이로써 내가 답장을 보내야 하는 이메일은 몇 개나 늘었을 뿐 아니라 전화도 몇 통씩 더 걸어야 했다. 이 모든 것들은 시간을 몹시 잡아먹는 일들이었다. '

위원회는 결정사항을 자주 바꿀 수 있다

위원회는 결정된 사항들을 번복하기도 한다. 의사결정자가 한 사람인 경우, 그 사람이 프로젝트에 대한 기준을 설정해놓으면 사소한 변화가 있을 수는 있어도 대부분 그 기준은 프로젝트가 끝날 때까지 유지된다. (의사결정자가 결정을 내리는 데 곤란을 겪지 않는다면 말이다. 그렇지 못한 경우는 또 다른 문제이다. 여기서는 의사결정자는 결정을 제대로 내릴 수 있을 뿐 아니라 그렇게 하는 것을 당연히 여긴다고 가정하자.) 그러나 의사결정에 참여하는 사람들이 두 사람 이상이어서 어떤 결정을 내릴지에 대해 각자 다른 의견을 갖고 있다고 해보자. 어떻게 되겠는가? 의사결정 과정은 지연되고, 의사결정 지침은 달라질 것이다. 혼란스러운 상황에 놓이게 될 것이다.

구체적으로 어떤 일이 일어나는지 보자. 모든 위원들이 결정사항 하나하나를 철저하게 재검토할 것이며, 프로젝트의 해당 부분에 대한 의사결정에 누가 가장 강력한 힘을 지녔는가에 따라 예전과 다른 방침이 적용될 수도 있다. 따라서 프로젝트가 진행되어 가면서 각 단계에 가장 큰 지배력을 갖는 위원의 뜻에 따라 규정이 바뀔 수 있다. 규정들은 한 번뿐이 아니라 몇 번이고 바뀔 수도 있다. 하나의 규정이 오늘은 유효했다가 내일은 아니었다가 다음 주에는 다시 적용될 수도 있다. 이 모든 것은 어느 시점에서 누가, 즉 어떤 사고방식이 지배적인가에 달려 있다.

위원회는 최종 결정을
어렵게 한다

당신은 '위원회가 그렇게 무질서하지는 않아. 그들은 일련의 조치에 따라 결정을 하고 그것을 고수해'라고 생각할지도 모른다. 때로는 그럴 수도 있다. 하지만 나는 규정이란 것은 흔들리기 쉬우며, 심한 경우 위원회가 결정한 것들이 죄다 미결사항으로 남을 공산이 크다는 사실을 배워왔다.

그렇다. 규정은 다시 생각할 수 있고, 뒤집어질 수도 있고, 변동될 수 있으며, 모두 취소될 수도 있는 것이다. '위원회'라는 진창에 빠진 규정은 엉망이 되고 만다.

내 초창기 고객 중에도 위원회가 있었다. 내가 함께 일했던 사람은 그 회사의 마케팅 책임자였음에도 불구하고 몇 명의 이사가 최종 의사결정에 의견을 제시했다. 결국 우리는 어떤 결론에도 도달하지 못하고 정체 상태에 빠져 있었다. 나는 그들에게 회사의 마케팅을 개선할 몇 가지 제안을 했다. 그 제안들에 대해 몇 명은 흥미를 가졌지만 모두 그런 것은 아니었으며, 결과적으로 실현되지 못했다. 절망감에 휩싸여서 나는 마침내 그들의 마케팅이 어디쯤 와 있으며 어디로 나아가야 할지를 아주 기본적인 수준에서 짚어보는 프레젠테이션을 실시했다. 하지만 그 역시 아무런 조처를 낳지 못했다. 내게는 다행스럽게도, 그들은 마케팅을 담당할 직원을 고용했다. 그 후임자에게는 안 된 일이었지만. 훗날, 예전에 그 회사의 마케팅을 담당했던 다른 회사들과 이야기를 나누다가 나는 그런 우유부단함이 그 회사의 전형적인 행동양식이었음을 알게 되었다. 그런 행동양식은 위원회가 의사결정을 하느라 의사결정이 항상 어려웠던 탓에 생겨난 것이었다.

바로 이 점이 위원회를 상대로 일할 때 가장 좌절하게 되는 부분이다. 최종 결정을 받아내는 것이 극도로 어려울 수 있다는 것. 어떤 프로젝트를 진행하느냐 마느냐에 대해 사전 의사결정을 하는 것은 상대적으로 쉬운 반면, 프로젝트의 결론을 내리는 것은 거의 고문에 가까운 수준이다. 그 순간 각 위원들이 다시 한 번 의사결정 과정에 참여하려고 하며, 모든 위원의 각기 다른 의견들이 의사결정을 방해할 수 있기 때문이다.

위원 각자의 개인적인 의견이
일에 영향을 주기도 한다

각 위원들은 자기만의 개인적인 의견을 갖고 위원회의 결론에 영향을 미친다. 예를 들어, 어떤 상황이 한 위원에게 예전에 겪었던 것과 비슷한 상황을 떠올리게 한다면, 그로 인해 예전의 상황에서와 같은 반응을 하게 될 것이다. 앞서 내가 한 일에 만족하지 못했던 위원회 위원의 경우를 기억해보라. 그 회원도 자신만의 개인적인 의견을 갖고 있었을 것이다. 그는 내가 고용되기 전의 일 몇 가지를 하고 있던 사람이었기 때문이다. 그 위원은 무엇을 해야 하고 그것을 어떻게 해야 하는지에 대해 특정한 견해를 갖고 있었으므로 새로운 아이디어에 대해 개방적이지 않았다.

개인적인 의견에는 어떠한 전문성도 없으며 위원회의 특정 활동과는 무관한 개인적인 의견에 지나지 않을 수도 있다. 그러한 개인이 위원회 활동에 개입하면 짐만 된다. 특정 위원회와 무관한 사적인 의견은 위원회의 활동을 분열시킬 수도 있다.

한번은 사적인 의견 때문에 엄청난 시간과 비용을 들이고 절망감까지 안았던 적이 있었다. 그 사적인 의견은 내가 레이아웃 시안을 짜던 브로서에 들어가는 세부 문구에 대한 것이었다. 그것은 정말 세부적이고 사소한 것이었다. 예를 들어, 시간을 '오전 9시'라고 쓸까 아니면 '오전 9:00'라고 쓸까? 사실에 근거한 정보는 줄여 쓰고 마침표를 찍어야 할까, 아니면 모든 정보를 문법적으로 올바른 완전한 문장으로 써야 할까? 영업시간을 명시할 때에는 '오전 9시부터 오후 5시까지 영업' 이라고 써야 할까, 아니면 'XYZ 회사는 오전 9시부터 오후 5시까지 영업합니다.' 처럼 완전한 문장으로 써야 할까? 주소에 우편번호도 써야 할까 말까?

레이아웃 시안을 교정하는 사람마다 어떤 세부사항이 들어가야 할지에 대해 각자 의견을 지니고 있었다. 결국 광고용 브로셔를 다섯 번에 이르도록 교정할 때마다 앞서 언급되지 않았던 각종 세부사항들이 변경되었다. 간단한 브로셔였더라면 이러한 변경은 단지 성가신 일로 그쳤겠지만, 이 경우에는 페이지 수가 많았기 때문에 각각의 세부적인 변경은 전체 페이지에 걸쳐 반영되어야 했다. 레이아웃이 끝난 후에 책 전체에서 세부적인 수정을 하다 보면 몇 가지 사항은 깜박하기 십상이었다. 결과적으로 최종 결과물은 그런 세부 수정을 하지 않았을 경우보다 오류가 숨어 있을 가능성이 훨씬 커졌다. 게다가 그런 수정사항들을 반영하는 데 시간도 돈도 많이 들었다. 이러한 혼란에다 세부사항을 가지고 다섯 번이나 이야기해야 하는 데서 오는 절망감을 더한다면, 이 프로젝트가 나와 내 사업에 미친 악영향을 이해할 수 있을 것이다. 나는 이 경험을 통해 가능하다면 위원회와의 거래는 피하는 것이 좋다는 것을 배웠다.

'위원회'를
상대로 일하는 법

위원회를 상대로 일하게 되면, 내가 위원회와 거래하면서 겪은 실수에서 배운 다음과 같은 조언을 따르기 바란다. 어떤 고객하고든 처음부터 거래의 모든 측면에 대해 명확하게 하는 것이 중요하긴 하지만, 위원회의 경우는 보다 더 중요하다. 계약서에는 거래의 목적과 기준을 명확하게 정해놓아라. 의사결정이 이루어져야 하는 일정에 대해 합의하라. 최종 결정뿐 아니라 부수적인 의사결정에 관한 일정까지 포함시켜라. 이런 부수적인 의사결정을 해놓지 않으면 도중에 전체 프로젝트가 정체될 수도 있다. 언제, 어떻게, 누구와 의사소통을 할지를 정해서 작업에 대한 위원회의 개별적, 집단적인 의견들을 계속해서 전해달라고 부탁하라. 거래를 시작하기에 앞서 위원회와 함께 작업을 명확하게 개괄한다면 우유부단함, 생각의 변화, 개인적인 의견, 불완전한 의사소통, 그리고 불만족 같은 함정을 최소화할 수 있을 것이다. 물론 위원회라는 집단이 가진 본성 때문에 이러한 함정들이 완전히 없어지지는 않을 것이다. 한 프로젝트에 의견을 제시하려는 사람이 여러 명일수록 프로젝트를 완수하는 과정에 숨어 있는 함정의 수는 증가하게 마련인 것이다.

위원회와의 거래를 원하거나, 혹은 거래를 해야 하는 상황이라면 거래하라. 하지만 잠재적인 문젯거리들을 최소화하려면 눈을 크게 뜨고 전진하라. 이런 문젯거리들에 대해 미리 대책을 세우고, 문제가 발생하면 즉각적으로 손을 써라. 사실 위원회와 일하지 말아야 하는 이유는 그 회원의 수만큼이나 많다. 위원회와 거래할 때에는 개인들 하나하나와 거래하고 있는 동시에 그 개인들이 만들어내는 집단 역학체와도 거래한다는 사실을 기억하라. 위원회에는 각자의 의견을 가진 수많은 의장들이 있는 것이다.

좌절감을
활력을 주는
힘으로 활용하라

13

좌절감을 느낄 때면 내면의 소리에 귀를 기울여라. 좌절감이란 정신적이고 감정적인 마음의 문을 두드리며 활력을 주는 힘이다. 꽉 붙잡아서 끝까지 파헤쳐보면 좌절감의 다른 면에는 예상치 못했던 에너지와 자유가 있음을 발견하게 되리라.

사 업을 시작하고 5년째 되던 해, 나는 그야말로 좌절감의 벽에 부딪혔다. 나는 몇 명의 고객들 때문에 좌절했고, 내 수입에 대해서도 실망했다. 그리고 사업의 진로에 대해서도 절망감이 밀려 왔다.

'성공모임' 으로
꿈을 이루다

운 좋게도 이 시기에 나는 한 '성공모임' 에 참여하게 되었다. 성공모임은 4~8명으로 구성되어, 목표를 설정하고 그 목표를 이루도록 서로 도와주기 위해 일주일에 한 번씩 만나는 모임이었다. 우리 모임은 6명으로 출발했다. 성공모임의 발상은 『Wishcraft ('원하는 것을 얻는 지혜' 라는 의미의 조어)』의 저자인 바바라 쉬어 (Barbara Sher)에게서 생겨났다. 목표를 혼자서 성취하는 것은 어려운 일이지만, 당신이 책임감을 가질 수 있도록 독려하고, 도움이 될 만한 의견을 제시하고, 힘든 시기를 견뎌내도록 격려해주는 사람들이 있다면 좀더 쉽게 목표를 달성할 수 있다는 것이 바바라의 전제이다. 그렇게 되면 당신은 더 큰 꿈을 가질 수도 있고, 그것을 성취할 수도 있는 것이다.

내가 그 성공모임에 가입했을 때, 나는 그 모임을 후원하는 단체인 '위스콘신 여성기업가 모임 - 치페와 밸리 지부' 의 지부장이었다. 의장으로서 나는 스스로 모임에서 활동해야 한다고 생각했고, 특히 그 모임을 시작할 사람이 부족했기 때문에 첫 번째 성공모임에 가입했다. 나는 그 성공모임이 내게 도움이 되리라고는 생각하지 않았는데, 그건 틀린 생각이었다.

연달아 몇 주 동안 바바라는 절망감을 표현하는 법에 대해 가르쳤다. 그녀는 이를 '힘든 시기' 라고 불렀다. 바바라는 스스로의 깊숙한 곳에 채워두었던 좌절, 두려움, 분노를 비롯한 모든 부정적인 감정을 다른 사람에게 표현하는 기간을 가질 것을 권했다. 당신이 경험하고 있는 부정적인 감정들을 드러내고 지껄여대는 것을 다른 사람에게 앉아서 들어달라고 부탁하라는 것이다.

사실 나는 이것이 우습고 비효율적인 일이라고 생각했지만, 성공모임에 참여하면서 그 가르침을 따르지 않을 수는 없기에 한 친구에게 내가 좌절감을 표현하는 동안 들어달라고 부탁했다. 그런데, 세상에! 일단 시작하고 나자 좌절감에 대한 나의 표현은 나조차도 충격을 받을 정도로 점점 더 강해졌다. 당시의 사업 현황에 대해 내가 그토록 좌절하고 화를 내고 있었는지는 나도 미처 알지 못했다.

나는 엄청난 양의 일을 하면서도 돈은 충분히 못 버는, 돌고 도는 악순환의 늪에 빠진 것 같았다. 나는 내 핵심 사업에서 떨어져 나와 부유하고 있었다. 당시 내가 처한 상황은 내 좌절감을 더해주고 있었다. 어디엔가 갇혀 있던 그 모든 감정이 바로 그날 터져 나왔다. 고마워요, 바바라.

나는 성공모임에서 나의 '힘든 시기'에 일어난 일을 이야기했다. 내 이야기를 자세히 하면서 나는 더 큰 분노와 좌절감이 거품처럼 표면으로 떠오르는 것을 느꼈다. 그러자 성공모임의 동료들은 왜 그렇게 절망스러운 상황에 몰리게 됐는지 깨달을 수 있도록 도와주기 시작했다. 거래 계약을 하면서, 프로젝트를 맡으면서, 일정 금액에 기꺼이 일하기로 하면서, 그리고 지불조건을 받아들이면서 당시의 상황에 나를 밀어 넣은 책임은 오로지 나에게 있었다. 내 좌절감에 대해 비난받을 자는 오직 나뿐이었다. 그리고 나야말로 그 상황에 대해 무엇이든 할 수 있는 유일한 사람이었다. 그래서 내가 한 일은 무엇이었을까?

성공모임 이후, 나는 점점 활력이 생겨나는 것을 느낄 수 있었다. 나는 며칠 동안 내가 분출한 좌절감에 대해 곰곰이 생각했다. 성공모임의 회원들이 내게 얘기해준 것에 대해서도 생각했다. 그들은, 내가 이런 상황이 벌어지게끔 내버려두었으며, 심지어는 상황을 그렇게 만든 장본인이라고까지 말했다. 내가 그랬던가? 한참을 생각하고 나서야 내가 그랬다는 것을 마지못해 인정할 수 있었다. 오로지 나만이 그런 상황을 바꿀 수 있었다. 모든 것은 내게 달려 있었던 것이다. 그래서 나는 상황을 바꾸기 위해 취해야 할 조처들을 모색하기 시작했다.

자신의 가치를
평가절하하지 마라

첫째로, 나는 내 자신과 내 일이 지닌 가치에 대해 지금껏 해오던 것 이상으로 평가할 필요가 있다는 것을 깨달았다. 스스로 먼저 그렇게 하지 않는다면 다른 사람들이 어떻게 내가 원하는 만큼 나와 내 일의 가치를 인정해주겠는가? 그래서 나는 여러 번 생각을 했다. 왜 다른 사람들이 나에 대해 인정해주길 바라는 만큼 나 스스로를 평가하지 못했는지 깨닫기까지 정말로 엄청난 자기반성을 했다. 여기서부터 나는 스스로에 대한 열악한 평가의 기반이었던 자신의 불안정성을 이해하기 시작했다. 모든 것의 근저에는 두려움이 있었다. 거래를 트지 못할까 하는 두려움, 일을 잘하지 못할까 하는 두려움, 일을 제때 마무리하지 못할까 하는 두려움, 그리고 궁극적으로는 내 사업을 유지하지 못하면 어쩌나 하는 두려움. 이후 나는 이러한 두려움들이 기업가들이 직면하게 되는 전형적인 두려움이라는 것을 알게 되었다.

이러한 두려움에 대해 나는 다음과 같이 맞섰다. 나는 그런 두려움을 다루는 법에 대해 긍정적인 지침을 주는 책을 몇 권 읽고 오디오테이프를 들었다. 그리고 예전에 읽거나 들었던 유용한 조언들을 따르기 시작했다. 나는 자신을 달리 보기 시작했다. 두려움에 차 있거나 자신의 가치에 대해 미심쩍어 하는 자신을 발견하면 나는 멈춰서 자신과 이야기하고, 자신의 가치에 대한 긍정적인 생각을 마음속에 주입시켰다. 내가 그런 부정적인 생각들을 완전히 없앨 수 있었냐고? 그렇게까지는 하지 못했지만 나는 그것들을 성공적으로 이해했다. 나는 항상 내 생각을 확인하는 데 주의를 기울였다. 그렇게 하면서 나는 마음속에서부터 내 자신에 대한 가치평가를 서서히 높여갈 수 있었다.

이것이 내 좌절감을 처리하기 위한 첫 번째 단계였다.

목표를 정하라

그 후 나는 자신의 가치가 좀더 높아졌음을 느끼게 되었고, 내가 이끌어가고 있는 사업을 좀더 명확히 볼 수 있게 되었다. 내가 하고 있는 일들과 내가 거래하고 있는 고객들이 내가 목표를 향해 나아가게 해주고 있는가? 대개의 경우, 그 대답은 '아니오' 였다. 해오던 일을 하면 돈이야 좀 벌 수 있었지만 목표를 향해 이끌어주지는 않는다는 것을 깨달았다. 나는 그저 생존하기 위해 프로젝트를 맡고 있었으며, 하기 쉬운 프로젝트만 진행하고 있었다. 나는 내 목표들을 종이에 적어놓지도 않았고, 그것들을 성취하기 위한 과정을 선택하지도 않았었다. 그렇기 때문에 어떤 방식이든 그저 따르기만 하는 것은 무척 쉬웠다. "자기가 어디로 가고 있는지 모른다면 어디로든 갈 수 있다"라는 격언은 내 경우에 아주 잘 들어맞았다. 나는 돈이 되는 길로 천천히 걸어 내려가면서 정작 내가 가고자 하는 길은 선택하지 않고 있었다. 나는 아무것도 통제하지 못하고 있었다.

나는 몇 가지 단기 목표들을 정하고 그것들에 대해 행동을 취했다. 첫 번째 목표는 이익도 남지 않으며 대개는 좌절감을 주는 사람들과 일하고 있던 당시의 상황으로부터 벗어나는 것이었는데, 이는 하룻밤 사이에 해결될 일은 아니었다. 그러기 위해서는 우선 내가 계약했던 일을 마쳐야 했다. 다음으로는 미수금을 받아내야 했는데, 이는 좀 더 오래 걸리는 일이었다. 마지막으로 나는 계약 갱신을 거부해서 그러한 상황을 계획적으로 피하는 방식으로 그 상황으로부터 서서히 멀어지도록 해야 했다.

이렇게 탈출하는 과정을 겪으면서, 나는 피할 수만 있다면 다시는 좌절감을 안겨주는 사람이나 상황과 연관된 일을 맡지 않겠다고 결심했다. 그래서 그런 상황을 피해 갈 수 있는 '규칙' 목록을 만들었다.

나의 규칙 목록은 다음과 같다.

- '위원회'를 상대로 일하지 마라.
- 의사결정에 의견을 제시할 수 있는 사람이 지배인, 총지배인 등 여러 명인 경우에는 거래하지 말고 결정을 내릴 수 있는 사람이 오직 한 명인 경우에 거래하라.
- 결정을 내릴 수 있으며 실제로 결정을 내리는 사람과 일하라.
- 사업상의 거래에서는 모든 친구를 낯선 고객처럼 대하라.
- '직감'에 귀를 기울여라. 상황이 좋지 않다고 느껴지면 그만두어라.
- 일을 시작하기 전에 언제나 계약서를 만들어라.
- 나 자신과 고객에게 공정하게 프로젝트의 가격을 매겨라.
- 거래를 성사시키기 위해서 아이디어를 고객에게 '줘버리지' 마라. 아이디어야말로 내가 팔아야 하는 것이다. 그것들을 줘버리면 팔 것이라곤 없다.
- 다른 사람들이 나에 대해 평가하기를 원하는 수준으로 자신과 자신의 일에 가치를 두어라.

이후 나는 이 규칙들을 지키면서 살아왔다. 그것들을 어기고 나면 언제나 후회할 일이 생겼다. 때로는, 한 명이었던 의사결정자가 위원회로 바뀌어버려서 가능한 한 신속하고 깔끔하게 빠져나와야 했던 경우처럼 내가 생각했던 것과 상황이 다르기도 했다. 아직까지도 스스로에 대한 가치평가에 대해서는 내 자신과 의견을 나누는 중인데,

아마 앞으로도 계속 그래야 하지 않을까 싶다. 앞으로도 이러한 규칙들을 고수한다면 내 사업과 생활의 좌절감은 훨씬 줄어들 것이다.

예전의 상태로 돌아가지 않고 끈기를 갖고 좌절감을 극복하여 내자신을 원하는 곳으로 이끄는 과정은 일련의 도전이었다. 나는 앞으로도 그 도전을 계속할 것이다. 이는 며칠, 몇 주가 아니라 수개월이 걸리는 과정이다. 나는 여전히 그 과정 속에 있고, 앞으로도 계속 그과정을 계속할 것이다. 쉽지만은 않았던 과정을 거치면서 나는 내 꿈을 추구하게 해주는 자유를 발견했다. 그리고 비록 좌절감은 종종 매우 심한 압박감을 만들어내기도 하고, 대부분의 사람들로서는 무시하고 싶은 것이지만, 나는 좌절감이 나의 불만을 일깨워주는 친구가될 수 있음을 깨달았다.

좌절감을 느낄 때면 내면의 소리에 귀를 기울여라. 좌절감이란 정신적이고 감정적인 마음의 문을 두드리며 활력을 주는 힘이다. 꼭 붙잡아서 끝까지 파헤쳐보면 좌절감의 다른 면에는 예상치 못했던 에너지와 자유가 있음을 발견하게 되리라.

실수에
감사하라

14

자신의 실수를 받아들이고, 실수에 대해 감사하라. 실수와 직접 대면해서 파악하라. 그 실수들이 왜, 어떻게 일어났는지 알아내라. 그리고 그 실수들을 다시는 범하지 않도록 상황을 개선하라.

이 책에서는 여러분이 교훈을 얻기를 바라는 마음에서 의도적으로 나의 실수에 초점을 맞추었다. 나는 내 실수들에 대해 고맙게 생각한다. 왜 그런지 궁금한가?

내 실수들 덕에 나는 비록 힘든 과정을 통해서이긴 했지만 내 사업과 나 자신을 성공적인 방식으로 이끌 수 있었다. 내가 이익이 남는 사업체를 이룩할 수 있었던 것은 바로 실수 덕분이었다. 로버트 키요사키의 저작들에서 최근 다시 떠올렸듯이 '잃는 것'에서 '얻는 것'이 생긴다. 실수를 하고 그것으로부터 배우는 데에서 자기 사업의 이윤 관리가 시작된다.

이 책을 통해 여러분이 내 실수담을 공유하면서 자신의 실수로부터 무언가를 깨닫게 되기를 바란다. 어쩌면 그런 실수를 아예 피할 수 있도록 도울 수 있을지도 모른다. 그렇다고 여러분이 아무런 실수도 하지 않기를 바라는 것은 아니다. 가장 중요한 교훈을 얻는 것은 바로 실수를 통해서이기 때문이다.

실수로부터 배워라

자신의 실수를 받아들이고, 실수에 대해 감사하라. 실수와 직접 대면해서 파악하라. 그 실수들이 왜, 어떻게 일어났는지 알아내라. 그리고 그 실수들을 다시는 범하지 않도록 상황을 개선하라.

책과 테이프, 세미나, 그리고 전문가들로부터 어떻게 하면 더 이상 실수하지 않거나 아예 실수를 하지 않을 수 있을지 자문을 구하라. 실수를 한 뒤에는 앞으로 실수를 하지 않도록 도와줄 회계직원, 회계사, 변호사 및 컨설턴트 같은 전문인력을 찾아라. 그들은 사업이 더욱 튼튼해지도록 지원해줄 것이다.

그리고 계속해서 배워라. 절대 배우는 것을 멈추지 마라. 바로 그것이 삶을 흥미롭게 만들며, 자신의 사업에 지속적인 관심을 갖도록 해줄 것이다.

계속해서 실수해도 좋다. 다만 그것은 반드시 새로운 실수가 되어야 한다. 실수하는 것이 나쁜 일은 아니지만 같은 실수를 반복하는 것은 큰 문제다. 실수로부터 뭔가를 배울 수 있다면 실수는 성장의 길이자 승리로 나아가는 길이다.

이제 내가 사업을 시작하고 처음 5년 동안 저질렀던 실수들에 대해 쓴 글을 마무리하려고 보니, 다시 앞으로 5년 동안에는 어떤 실수를 하게 될지 궁금해진다. 나는 지금 그 실수들이 어떤 것들일지에 대한 호기심으로 가득하다. 아직은 저지르지 않은 그 실수로부터도 깨달음의 기회를 갖게 되리라는 것에 감사한다.

[감사의 글]

공들여 이 책을 편집해준 쉐런 R. 로울리 양에게 감사를 전한다. 그녀의 수고 덕에 나의 생각이 보다 잘 전달될 수 있었고, 문장도 훨씬 좋아졌다.

멋진 표지와 로고를 디자인해준 질 올젠에게, 그리고 그녀가 이 프로젝트에 쏟아 부은 재능과 열정에 대해 고마운 마음을 전한다.

나를 격려해주고 각 장마다 피드백을 아끼지 않은 나의 '성공모임'에게도 감사를 전한다.

쓰러지는
창업자들의 유형
10가지

김영문

계명대학교 경영정보학과 교수 | 계명대학교 벤처창업보육사업단 단장
(사)한국소호진흥협회 이사장 | 뉴비즈니스연구소 소장

1997년 11월에 한국 경제에 위기가 오면서 전통적인 제조기업은 연일 쓰러졌지만, 고부가가치 기술을 중심으로 하는 벤처기업은 화려하게 등장하였고, 벤처기업은 대기업 재벌 중심 경제구조의 대안으로 부각되었다.

그 후 6년째가 되는 2003년, 벤처기업 혹은 창업기업들의 모습은 양극화되고 있다고 할 수 있다. 즉, 안정적인 수익모델을 기반으로 급속하게 성장하고 있는 벤처기업이 있는가 하면, 더 이상 버티지 못하고 이미 쓰러졌거나 쓰러져가고 있는 창업기업들이 매우 많다는 것이다.

이러한 시점에서 지난 5년 동안 창업분야에서 일하면서 직접 목격한, 이미 쓰러졌거나 현재 쓰러지고 있는 벤처기업 혹은 창업기업들의 원인을 10가지 유형으로 진단해본다.

판로개척 실패형

나름대로 좋은 기술로 우수한 제품을 개발했지만, 판로개척에는 실패하였다는 것이다. 사실, 최근 벤처기업들의 가장 큰 문제는 기술이나 자금부족이기보다는 생산된 제품을 판매할 유통경로를 제대로 확보하지 못하고 있다는 것이다. 그것은 대형 백화점이나 할인점에서 주로 대기업 혹은 일부 중소기업이 생산한 제품만을 취급하고 있으며, 벤처기업들이 생산한 제품의 입점을 외면하는 데에도 그 원인이 있다고 할 것이다. 많은 창업자들은 좋은 제품만 생산하면 저절로 잘 팔릴 것이라고 생각하지만, 유통이 확보되지 않은 상태에서 제품을 생산하는 것은 모래 위에 집을 짓는 것과 같다고 할 것이다.

수익모델 부재형

창업은 했지만, 뚜렷한 수익모델이 없다는 것이다. 사실, 벤처기업들의 약 50%가 컴퓨터와 인터넷 분야에서 창업을 하는데, 매월 고정적인 수익을 확보할 수 있는 아이템을 찾는 것은 쉽지 않다는 것이다. 예를 들어, 초창기에는 웹호스팅 서비스만으로도 상당한 수익이 보장되었지만, 웹호스팅 비용이 점점 낮아지면서 서버 임대료도 제대로 지급하지 못하는 창업자가 많은 것이 사실이다.

과도한 개발비 투자형

　　　　　　　　　　한 바구니에 달걀을 한꺼번에 담지 말라는 말도 있듯이, 특정 사업 분야에 지나치게 많은 돈을 투자한 경우를 말한다. 물론 개발 및 마케팅에 성공한 경우는 많은 수익을 기대할 수 있지만, 개발에 실패하는 경우는 회사의 존립에 치명타를 가할 수 있다는 것이다. 한때 채팅, 모바일(mobile), 혹은 게임 분야가 각광을 받으면서 너도나도 뛰어들었지만, 정작 성공한 벤처기업은 10%도 되지 않는다는 것이다.

무경험형

　　　　　　　　　　젊은 혈기만 믿고 무작정 창업에 뛰어드는 경우를 말한다. 사실 대학을 졸업하고도 취업을 못하는 20대가 늘어나면서, 2000년부터 청년창업이 급속하게 증가하였다. 하지만 청년창업의 42.6%가 연매출이 전혀 없는 것으로 조사되고 있다. 대학의 강의실에서 배운 지식으로 무작정 창업의 현장에 뛰어들었지만, 정작 얻은 것은 가계파산과 신용-불량자라는 딱지뿐인 것이다.

고객감동 실패형

　　　　　　　　　　창업을 한 이후, 고객과의 끊임없는 마찰로 인해 결국에는 고객으로부터 외면을 받는 유형을 말한다. 요즈음 일부 인터넷 사이트는 고객들로부터의 불평이나 의견을 듣지 않기 위해 아예 게시판을 운영하지도 않고 있다고 한다. 또한, 지나치게 영리만을 추구한 나머지 비용을 절감하기 위해 값싼 자재를 사용하거나 고객과의 약속을 제대로 지키지 않는 경우가 많다는 것이다.

유형 6 법률지식 부족형

좋은 기술이나 아이디어를 갖고 있지만 법률적인 지식이나 지적재산권에 대한 이해가 부족하여 낭패를 보는 벤처기업들이 많다는 것이다. 즉, 많은 돈을 투자하여 우수한 제품을 개발했지만, 국내에서는 법률적으로 허용이 되지 않아서 결국 도산을 한 경우를 말한다.

유형 7 경영관리능력 부족형

벤처기업 창업자의 65.1%가 이공계열 출신이라는 통계도 있듯이, 벤처경영에 대한 지식이 부족한 창업자가 많다는 것이다. 그러다 보니, 직원관리, 마케팅 및 유통계획의 수립, 재정관리 등에 있어서 많은 문제가 드러나면서 회사의 경영이 악화되는 경우가 많다는 것이다. 특히 창업멤버 간의 갈등으로 인해 하루아침에 회사의 업무가 마비되거나 일부 직원들이 뛰쳐나가 경쟁회사를 만드는 사례도 많다는 것이다.

유형 8 **조기 시장진입형**

아무리 좋은 아이디어를 갖고 있어도 시
장진입 타이밍이 매우 중요한데, 시장이 미처 성숙되기도 전에 너무
일찍 진입하여 수익성을 확보하지 못한 경우를 말한다. 하지만 그 후
에 진입한 후속 기업들은 사업이 번창하고 있다는 것이다. 사실, 포털
사이트들의 수익성이 좋아지면서 인터넷 포털 사이트들이 우후죽순
으로 등장하고 있지만, 조기 진입 기업은 개발비용만 날린 채 수익은
거의 없다는 것이다. 이러한 경우는 인터넷 쇼핑몰의 경우도 예외가
아니라는 것이다.

유형 9 **현실안주형**

기존에 개발한 기술에 지나치게 의존하여 새로
운 기술의 개발을 도외시하는 벤처기업들이 매우 많다는 것이다.
1998년만 해도 홈페이지 및 인터넷 쇼핑몰을 개발하는 기술로도 벤
처기업으로 지정되는 경우가 많았으나, 요즈음은 대학교에서도 강의
를 할 정도로 고급기술이라고 할 수 없다는 것이다.

유형 10 **창업분야지식 부족형**

창업한 분야에 대해 전문적인 지식
을 갖추지 못하고 있거나 이해가 부족하여 사업을 정상적으로 진행
하지 못하는 경우를 말한다. 예를 들어, 프랜차이즈 본사를 창업하면

가맹점으로부터 가맹비를 받음과 더불어 원재료의 공급으로 인해 많은 수익을 확보할 수 있을 것이라고 생각하는 것이다. 하지만 그에 못지않게 본사의 책임도 무겁다. 또한 가맹점이 어느 정도 확보되지 못하면 물류 및 관리비용이 수익을 초과하여 결국에는 본사가 도산하는 경우가 허다하다는 것이다.

위에서 제시한 10가지의 유형은 이미 쓰러져서 회사가 없어졌거나 쓰러져가고 있는 20여개의 실제 사례를 기초로 하여 제시된 것들이다. 예비창업자들이 더 이상 실패하지 않기 위해서는 이미 쓰러진 기업으로부터 그 실패의 원인과 과정을 잘 살펴서 타산지석(他山之石)으로 삼아야 할 것이다. 그렇지 못할 경우, 가계가 파산함은 물론 평생 신용불량자로 살아가야 할지도 모른다. 요즈음에는 웬만한 아이디어와 기술로는 엔젤투자가들의 마음을 전혀 움직일 수 없다.

벤처 경영 실패에서
배우는 교훈

전하진

(주)네띠앙 대표이사

지난 IMF 사태 이후 1999년부터 불기 시작한 벤처열풍은 가히 폭발적이었다. 필자 개인적으로도 '한글과컴퓨터'를 맡을 당시 주가가 360원(주당 500원 기준)이었던 것으로 기억하는데, 1999년 말에는 57,000원 정도까지 뛰어올랐으니, 이것이 과연 누구의 잘잘못을 따질 수 있는 이성적 판단의 결과였을까. 비단 한국뿐만 아니라 수십 년 벤처산업의 역사를 가지고 있는 미국에서조차도 이런 일은 상식에 가까운 일이었으니 누구를 탓하겠는가.

우리는 좀더 냉정하게 지난 세월을 되짚어보면서 미래를 준비할 필요가 있다. 우선 벤처산업이 무엇인가에 대해 다시 한 번 정의해보자. 벤처산업은 산업사회의 공급자 위주 시장이 수요자 위주 시장으로 변화해가는 과정에서 보다 빠르게 수요자의 Needs를 따라가기 위한 하나의 수단으로 발전한 것이 아닌가 한다. 또한 새로운 부가가치 상품을 만들어내는 과정에서 기존의 산업사회적 조직구조로는 다양화되는 소비자의 요구에 부응하기 힘들었기 때문에 벤처가 생겨나게 된 것이다. 독립적인 개체들이 모여 느슨하면서도 상호협조적인 생태계를 조성한 기업들의 생산성이 경쟁력을 갖게 되면서 벤처산업은 성장의 발판을 마련했다. 소비자의 입장에서도 인터넷의 발달은 시공을 초월하는 새로운 채널의 가능성을 엿볼 수 있게 해주었다. 그리하여 새로운 비즈니스 모델들이 탄생하기에 이르렀다. 즉, 고객과의 새로운 채널로서 인터넷이 각광을 받기 시작한 것인데, 그 효율성은 가히 혁명적이었다. IT 기술을 활용하여 회사 내 자원의 효율화를 넘어서서 관련기업들과 고객들까지 하나의 정보네트워크로 묶어 새로운 부가가치를 창조해내는 새로운 패러다임이 시도된 것이다.

다시 말해 벤처산업은 다양한 기능을 가진 주체들이 모여 하나의 생태계를 조성한 것으로, 마치 블록으로 집짓기를 하듯 다양한 개성과 기술이 하나의 목적을 가지고 만나 팀플레이를 하고 또 다른 목적을 위해 흩어지는 것을 반복하면서 고객의 요구에 즉응하는 시스템이라 할 수 있다. 여기에 고객의 목소리도 함께할 수 있기 때문에 고객의 요구를 받아들임에 있어서 고객을 둘러싼 생태계가 일사분란하게 움직일 수 있는 구조이다. 벤처기업은 공룡이 아닌 '소의 무리' 인 것이다.

요즘은 집을 짓거나 다리를 놓는 것도 모두 조립식으로 이루어진다. 각각의 모듈은 서로 다른 기업들이 만들어 납품한다. 벤처산업과 비슷한 구조이다. 한 가지 다른 점이 있다면 건설회사의 모듈은 이미 주어지는 경우가 많은 반면, 벤처산업은 그 모듈의 개발에 있어 매우 창조적이며 자유롭다는 점이다. 통제하지 않음으로써 창조적인 부가가치를 기대할 수 있고, 비싼 값에 그 가치를 사줌으로써 열정적인 재창조를 위한 도전을 유도할 수 있다. 건설산업이 수직계열화라면 벤처산업은 파트너들의 하모니요, 정반합에 의한 창조라는 점이 다르다.

여기서 중요한 것이 역할분담이다. 모듈은 분명한 자신만의 역할이 있어야 한다. 그래야 조합이 이루어진다. 공룡과 소 무리의 다른 점은 공룡은 하나의 통제기관에 의해 움직이지만, 소의 무리는 모든 객체가 자신들의 판단에 의해 움직이고, 그렇기 때문에 상황변화에 매우 민첩하게 반응할 수 있다는 것이다. 한 마리의 소를 잡는 것은 쉬울지 몰라도, 소의 무리를 잡는 것은 공룡 한 마리를 잡는 것보다 어렵다. 이것이 바로 벤처산업의 특징이다. 모든 구성원이 주체로 참여하여 작은 조직으로서의 민첩함, 열정적인 창조력, 그리고 고객의 요구를 관리하는 시장기능이 어우러지는 일종의 생태계를 형성하게 되는 것이다.

그렇다면 각 주체들은 생태계의 구성원으로서 과연 자신의 역할을 제대로 알고 있었을까? 지난 수년에 걸쳐 벤처가 실패한 원인은 한마디로 모두가 자신의 역할을 잘 몰랐다는 데 있다. 즉, 하모니를 이루지 못한 결과이다. 벤처기업가는 기업가대로, 투자자는 투자자대로, 정부는 정부대로, 어느 누구도 해보지 않은 실험을 완벽하게 이해하고 올바로 가이드해줄 수 없었다는 것이다. 그래도 우리는 무모한 실험을 과감하게 행했고, 그 결과 다른 나라에서 경험하지 못한 여러 가지 노하우를 보유하게 되었으며, 이 노하우는 앞으로 우리나라의 지식상품으로 승화되어 많은 외화벌이를 해줄 것이라 확신한다. 다시 말해 생태계에 뛰어든 각각의 주체들이 이제 자신이 이 생태계 안에서 어떻게 처신해야 하고 무엇을 해야 하는지에 대해 감을 잡기 시작했다는 말이다. 그것은 산업사회의 제로섬 게임과는 사뭇 다른 것이다. 시장을 쟁탈하는 게임이 아니라 시장을 창조하는 게임이며, 차별화로 승부하는 게임인 것이다. 이것은 새로운 질서이며, 이 질서를 알기 시작함으로써 국가적인, 더 나아가 세계적인 팀워크를 창조하는 능력을 배양했다고 할 수 있다. 이것은 각각의 객체만 바라보면 보이지 않는 아주 중요한 수확이다. 각자가 주제를 파악하고 생태계에서 상호보완적 역할에 만족할 수 있을 때 생태계는 아주 거대한 창조력을 가지게 되는 것이다.

다시 돌아와 우리 벤처기업의 내부를 들여다보자. 우리나라에 현재 1만 개의 벤처기업이 등록되어 있다지만, 이 기업의 CEO들은 과연 어떤 경험을 가지고 있는 사람들일까? 대기업 출신, 연구소 출신, 대학을 갓 졸업한 엔지니어 등등. 기술은 있어도 기업가 경력이 많지 않은 사람들이 대부분일 것이다. 사실 경영자에게는 자격증이 따로 필요 없다. 경영도 나름대로의 기술인데, 그 기술을 알지 못하는 경영자가 대부분인 것이다. 경영자는 정상의 자리가 아니라 그 자체로서 전문직업이다. 피아노 연주를 잘한다고 오케스트라 지휘를 잘하는 것이 아니듯이, 경영은 경영 그 자체로서 경험과 노하우, 그리고 전술·전략을 알고 있어야 한다. 의사결정, 비전수립, 재무관리, 인사관리 등 수많은 경영기술이 필요하다. 하지만 우리는 CEO라는 명함만 파면 그를 벤처기업가로 인정하는 데 인색하지 않았다. 몰랐기 때문이다. 벤처기업의 CEO는 기업을 상품으로 생각하는 전향적 사고가 필요하다. 벤처기업은 태생이 독자 생존보다는 모듈로서의 역할을 중요하게 여겨야 하는 기업이기 때문이다. 따라서 기업 자체를 상품으로 고려하지 않는 기업은 벤처기업이라 할 수 없다. 하나만을 아는 기업이 바로 벤처기업이다. 이것이 바로 중소기업과 다른 점이다. 앞서 언급했지만 생태계의 구성원으로서의 역할을 찾고 이에 충실한 기업이 바로 벤처기업이다. 하지만 불행히도 벤처 CEO의 상당수는 이를 이해하지 못하고 자신들의 야망을 대기업과 동일하게 설정하고 출발하였다. 그리고 투자자나 정부도 똑같은 우를 범하고 말았다.

따라서 많은 벤처기업들이 경영자의 경영미숙으로 많은 실패를 경험하게 된다. '묻지마 투자'의 실패는 바로 이런 벤처기업가를 믿고 투자한 데 있다. 2~3년 전, 시골 아주머니가 통장을 들고 찾아와 자기 돈을 써달라고 하여 말리느라 애를 먹었다는 이야기를 들은 적이 있다. 코스닥 투자든 벤처 캐피탈이든 너나 할 것 없이 하루에 수십 퍼센트의 이익이 나는 장사에 눈이 멀지 않을 위인이 어디 있었겠는가.

벤처기업은 초기 창업기업으로서 생명력이 짧음을 전제해야 한다. 즉, 시제품을 완성하고 나면 그것을 바로 시장기능을 가지고 있는 회사와 연계해서 회사를 팔든가, 아니면 그 기술을 바로 넘길 수 있어야 한다. 그 제품을 가지고 큰 회사가 되겠다고 꿈꾸는 순간 그 기업은 더 이상 벤처기업이 아닌 일반기업이 되어야 하기 때문이다. 그렇게 되면 재무관리, 인사관리, 마케팅, 생산관리, After Service, 홍보, 자금, 자산관리, 외상매출금관리, 재고관리 등 이루 헤아릴 수 없이 많은 일들이 그들을 기다린다. 하지만 벤처기업가로서 그런 능력을 갖추고 있는 사람은 거의 없다고 봐야 한다.

벤처기업이 삼성이나 마이크로소프트가 되겠다는 비전을 가지고 있다면 애벌레가 나비가 되듯 모든 것이 바뀌어야 한다. 그것은 창업자도 포함해서이다. 이것은 시간이 많이 걸리는 일이며 완전히 다른 차원의 게임이다. 벤처기업이 아닌 것이다. 물론 그렇게 할 수는 있다. 그것은 전적으로 기업의 선택사항이므로. 여기서 주장하고 싶은 것은 끊임없는 변신 없이는 안 된다는 것이다.

벤처기업은 CEO들이 제대로 된 비전을 수립하고 비즈니스 모델을 개발하는 데 실패했음을, 그리고 경영미숙에 의해 많은 손실을 입었음을 인정하지 않을 수 없다. 아이디어나 기술을 무기로 새로운 제품이나 새로운 비즈니스 모델을 개발하고 이를 제대로 시장과 접목할 파트너를 찾는 것이 벤처 CEO의 역할인데, 이를 수행하는 것이 교과서적은 아닌 만큼 나름대로의 노하우가 필요하다. 하지만 아직 일천한 벤처산업의 역사로 볼 때 초기의 이런 시행착오를 통해 전문 CEO들을 양성하게 된다는 점에 위안을 삼아야 할 것 같다.

벤처 CEO들은 벤처기업의 모듈로서의 역할을 인정하고 이를 충실하게 수행함으로써 그 생명을 다해야 하며, 여기서 인수합병 또는 기술의 판매 등 소위 말하는 EXIT이 이루어지지 않았을 때는 과감히 실패를 인정하고 다음을 기대해야 한다. 이를 위해서는 투자자들의 도움도 필요하다. 노래를 잘 부르는 가수에게 돈을 못 벌었다고 다그치는 꼴은 더 이상 보지 않도록 해야 하는 것이다. 기술이 있는 벤처기업이 돈을 벌 수 있게 시장과 연결하는 일은 창업자보다 초기투자자들의 몫이다. 2차 펀딩에 실패한 경우 창업자보다는 초기투자자들이 책임을 져야 한다. 따라서 실패를 인정하고 또 다른 기회에 도전하게 해야 한다. 투자손실을 이유로 다그친다고 해결될 문제가 전혀 아니다. 오히려 그런 과정을 통해 우리는 또 다른 지적 부가가치를 우리 시장에서 영원히 사라지게 하는 우를 범할 수 있기 때문이다. 벤처 CEO도 자신이 기술자인지 기획자인지를 명확히 구분해야 하며, 한 가지 역할에만 충실할 수 있어야 한다. 능력도 없이 본인이 빌 게이츠가 될 수 있다는 착각에 빠져서는 안 된다.

벤처의 성공신화를 만들기 위해서는 이러한 초기 기술을 받아들여 대규모 생산이 가능하게 하는 대기업과의 협업이 필수적이다. 즉, 대기업이나 중소기업이 수요자의 요구에 즉응하기 위해서 기술개발의 상당부분을 벤처로부터 수용하는 사회적 시스템이 필요한 것이다. 일사분란한 수직계열의 기업이 아닌 벤처기업의 창조적 아이디어나 시제품을 높은 값으로 인정해주고, 이들의 개발의욕을 고취시키면서 그것을 빠르게 시장에 내놓아 더 큰 이익을 챙기는 협업시스템이 필요하다. 그러나 불행하게도 우리 정부는 벤처기업 육성을 위해 많은 돈을 들여 씨를 뿌렸음에도 불구하고 이들이 열매를 맺을 길을 터놓는 데는 실패하고 말았다. 그것은 바로 대기업의 벤처 투자, 인수합병의 활성화 등이다. 벤처산업은 대기업, 중소기업과 공존하는 것임에도 불구하고 대기업의 대안으로 벤처산업을 육성하겠다고 한 것이 실수였다. 벤처업계에서는 벤처열풍이 불기 시작할 때부터 대기업과의 협업을 위한 인수합병시장의 활성화와 대기업과의 연계를 주장했지만, 정부는 대기업의 벤처산업 진출에 매우 인색하였고, 벤처가 대기업의 대안이 되어주길 바랐던 것 같다. 앞서 언급한 대로 벤처산업의 생리를 잘못 이해한 데서 비롯된 결과이다.

투자자 입장에서는 회사의 실상과는 관계없이 그저 투자수익만을 기대하는 우를 범했다. 투자수익을 낼 수 있는 구조의 이해와 기업의 실상에 대한 파악도 없이 초기기업에 묻지마 투자를 한 것이다. 코스닥 열풍은 결국 무지함에서 비롯된 결과라고밖에 볼 수 없다. 무지한 사람들에게는 똑똑한 사기꾼이 있게 마련인데, 그들의 비리가 지금 우리가 보고 있는 벤처비리가 아닌가 싶다.

과거 우리나라의 벤처열풍과 거품은 많은 이들의 재산 손실을 가져왔고, 무모하게 뛰어든 벤처인들에게 큰 상처를 주었다. 그럼에도 불구하고 우리는 세계가 부러워하는 벤처강국으로서의 노하우를 가질 수 있었다. 누구도 가보지 못한 새로운 분야로의 도전에 있어 실패는 매우 값진 재산이며, 이 실패를 철저히 분석하고 지식상품화한다

면 우리 뒤에 올 수많은 실패를 미연에 방지할 수 있는 좋은 상품이
될 것이다.

결론적으로 우리는

첫째, 벤처산업이라는 생태계는 미래의 지식산업과 수요자 중심의
산업에서는 아주 효율적인 자원임을 인식하고, 벤처기업은 대기업과
중소기업의 대안이 아니라 그들의 경쟁력 강화에 도움을 주는 동반
자 관계의 모듈기업임을 인식해야 한다. 그리고 벤처기업이 대기업
및 중소기업과 협업할 수 있도록 인수합병, 상호주식교환 등 상호보
완관계의 정립이 하루 빨리 이루어지도록 해야 한다.

둘째, 벤처기업가는 모듈기업으로서의 역할을 분명히 인식해야 하
고, 자신들의 역량을 과대포장해서는 안 된다. 그리고 투자자들도 이
들의 한계를 인정하고 이들이 설사 실패하더라도 더 나은 우리의 자
원을 보호하는 차원에서 적극 도와주어야 한다.

셋째, 초기투자자는 벤처기업이 하나의 모듈만을 가진 비정상적
구조의 기업임을 인식하고, 투자수익을 바라기 전에 그들의 기술적
우위가 시장과 접목될 수 있도록 파트너를 찾아주는 데까지 책임의
식을 갖고 투자해야 한다.

넷째, 벤처캐피탈은 우리의 실패사례가 수많은 경영 노하우 및 벤처생태계의 활성화에 큰 거름이 되는 중요한 자원임을 인식하고, 이를 지식상품화하여 후배들에게 귀중한 자산이 되도록 해야 할 것이다. 현재 초기자본을 바탕으로 양질의 기술개발을 통해 시제품을 개발했음에도 추가자금 조달이나 대기업과의 연계 등의 실패로 사장될 우려가 있는 수많은 창조적 부가가치를 다시 한 번 재조명해야 한다. 그리고 이들의 실패가 결코 끝은 아니며 회생할 수 있는 가능성이 높다는 점을 다시금 인식하고 그들에게 관심을 기울일 때가 되었다고 본다. 이들에 대한 투자는 아마도 과거 수년간 얻은 수익보다 더 큰 수익을 투자자들에게 가져다줄 것으로 확신한다.